KB260236

나라 생각하는 글
천박한 국민 천박한 정치 천박한 언론
박현태 지음

동서문화사

이 책은 방일영문화재단의 지원을 받아 저작출판되었습니다.

책머리에

나는 세상 돌아가는 일에 대하여 모른 척하고 있어도 아무 허물될 것이 없는 나이에 이르렀다. 이제 내 나이 일흔 다섯이다. 그런데도 요 몇 년 사이 우리나라 정치와 사회 돌아가는 것을 보면서 무언가 하지 않고는 그냥 배길 수 없는 강한 충동을 느꼈다. 이 책은 그 소회의 일단이다.

돌이켜보니, 나는 비록 우여곡절은 있었지만, 그런대로 좋은 나라, 좋은 시대에 태어나서, 힘껏 일할 수 있는 일거리를 만났고, 때로는 능력에 넘치는 일들을 맡아서도 그런대로 대과 없이 이를 성취시켰으며, 그러고도 크게 건강을 잃지 않고, 오늘날 이만한 건강을 유지하고 있다는 데 대하여 크게 감사하게 생각하고 있다. 지금 내가 생각하고 있는 것은 지극히 단순하다. 원우, 유림이, 서현이, 정우, 준혁이와 곧 세 돌이 되는 동규 등 여섯 외손자들을 사랑하기에도 오히려 시간이 모자랄 지경이다. 이들에게 우리 때보다는 더 나은 나라를 물려주고 싶다.

그러면서, 내내 머리에서 떠나지 않고 있는 것은 우리 국민의 정치에 관한 의식의 문제이다. 왜 우리나라에는 이토록 정치전문가가 많은가. 내가 보기에 정치만큼 가변적이고 불가측적이며 난해한 일은 없을 것 같은데, 그런데도 남녀노소를 막론하고, 채 남의 말이 끝나기도 전에 자기 의견부터 말하기를 주저치 않는다면 그것은 무슨 이유에서냐. 정치는 그토록 만만한 일이냐. 이렇게 온 국민이 정치전문가임에도 불구하고, 우리의 정치는 좋아지기는커녕 날이 갈수록 점점 더 구차해지는 이유는 무엇이냐. 이것은 나의 연래의 의문이다.

나는 대학을 졸업하자마자 언론계에 입문했고, 그 어느 분야보다도 정치문제를 오래 담당했던 사람이며, 한때는 나 자신이 정치에 직접 참여도 해본 사람이지만, 그때나 지금이나, 정치는 조심스럽고 신중하게 다루어야 한다는 생각에는 변함이 없다. 왜, 사람들은 정치를 그다지도 만만하게 보고, 언제든지 자기도 정치의 요직에 나가서, 지금 그 일을 하고 있는 사람보다는 더 잘 할 수 있다고 생각하게 되었으며, 선거철이 되면, 이 사람이 가장 적임자이다, 저 사람이 당선될 것이다, 라고 자신 있게 말하고, 나중에 그 결과가 자신의 예측과 어긋나면 이것은 민의에 상반되는 잘못된 일이라고 말하게 된, 그 용기의 원천은 도대체 무엇이냐.

이것을 제대로 규명하자면, 도대체 정치는 무엇이냐, 권력이란 무엇이냐, 국가란 무엇이냐, 사회란 무엇이냐, 민족이란 무엇이냐, 지금 이 시대는 어떤 시대냐, 대중은 무엇이고, 엘리트는 무엇이냐, 지금 우리 언론은 제 갈 길로 가고 있느냐, 하는 근본적이고 본질적인 문제에 대한 해답부터 제시해야 할 것 같다. 한데 과연 나에게, 그만한 능력이나 자질이 있느냐가 문제된다고 할 것이다.

그렇다고 하더라도 무작정 기다리고만 있을 수는 없다. 내가 혼자서 모든 것을 다 해결할 수는 없으며, 앞으로도 우리나라에는 많은 인재들이 나타나 이 문제에 도전할 것이다. 그러므로, 모자라는 문제는 그들이 앞으로 해결해야 할 숙제로 남겨두고, 나는 문제제시만으로 끝내더라도 아무 여한이 없을 것이다.

한마디만 덧붙인다면, 정치에는 일정한 논리가 있다. 그러나 그것은 원인이 있으면 결과가 있다는 물리학이 아니다. 법이 있지만, 그것은 재판의 문제가 아니다. 가장 중요한 것은 상황이고, 그 상황은 언제나 가변적이다. 또한, 지금은 크나큰 전환기이다. 정치, 경제, 사회, 문화의 모든 분야에서 일대 전환이 이루어져야 하는 중대 시점이다. 그 중에서도, 정치에 관한 의식전환이 무엇보다도 긴요한 순간이다. 정치가 변하지 않으면 아무것도 변할 수 없다고 나는 확신한다.

2008. 6. 6.

박현태

천박한 국민
천박한 정치
천박한 언론

차례

대통령은 '불사신, 불가사리'

우리나라 대통령은 불사신(不死身)이다. 임기 중에는 죽어서도 안 되고, 스스로 사퇴해서도 안 되며, 더군다나 탄핵으로 물러서서도 안 된다. 사람들은 오직 태풍이 얼른 지나가기를 기다리듯이, 기도하는 심경으로, 그의 임기만료를 기다릴 수 있을 뿐이다.

현행 헌법은 박정희 대통령이 18년간에 걸친 장기집권 끝에 최측근이던 현직 중앙정보부장 김재규가 쏜 흉탄에 쓰러졌던, 비극적인, 이른바 10·26사건의 수습책으로, 당시의 정계, 학계가 머리를 짜서 만들어낸 작품이다.

대통령은 임기 4년에 한번 더 연임할 수 있게 하는 것이 통례이나, 우리나라에서 다시는 장기집권을 시도하는 대통령이 못 나오도록 하기 위하여, 그 임기를 5년으로 늘려 주고, 아무리 그가 유능하고 치적이 훌륭하다 하더라도 절대로 연임은 할 수 없게 해야만, 우리나라에 민주주의가 정착된다고 보았기 때문이다. 그 대신 그에게 임기보장을 위한 막강한 권한을 부여했다.

국회에서 여당이 과반수를 확보할 수 있도록 비례대표 배분의 특권을 보장하고, 사실상, 사법부에 관한 중요 인사권도 대통령에게 쥐어줌으로써, 어떠한 경우에도 국정수행에 지장이 없도록 입법, 사법, 행정을 총괄하는 위치를 제도화했던 것이다.

이리하여, 우리의 대통령은 불사신이 되었다.

재직 중, 일절 형사소추를 받지 않을 뿐 아니라, 그의 휘하에 거느린 권력행사 부대를 동원하여 다른 어느 나라의 대통령도 행사해보지 못한 크나큰 권력을 손에 쥐게 하였다.

자본주의의 꽃이라는 대기업도 그 앞에서는 맥을 못 춘다. 기업은 검찰과 세무서와 노조를 가장 무서워한다. 검찰이 오라고 하면 안 갈 수가 없다. 세금을 부과하면 우선 내고 보아야 한다. 재야시절 대통령이 의지했던 세력이 노조였다면, 노조가 머리띠를 두르고 대드는 것을 방관만 하고 있어도, 기업은 그것으로 입을, 어디서도 보상받을 수 없는 큰 손해뿐 아니라, 우선 시끄러워서라도 노조와 타협을 할 수 밖에 없다. 더군다나, 대통령에게는 국가예산으로 밀어주고 있는, 사실상의 관변단체인 이른바 시민단체들이 있다. 촛불부대들도 있다. 그것뿐이 아니다. 정부권력에는 가장 약한 입장에 있는 언론단체인 방송국이 있다. 방송은 정부 앞에서는 약하지만 그 영향력은 어떤 시민 언론단체보다 강력한 권력이 있다. 뿐만 아니라 대통령은 그 자체로는 경영이 안 되고 있는 신문사들에게 거액의 정부 투융자로 그 존립을 지원하여, 이른바 친여 언론단체들을 만들 수 있다. 이것들은 모두 철옹성 같은 대통령의 여론 보호막이다.

국회에서 탄핵이 가결되었다 하더라도 헌법재판소가 있다. 헌법재판관이라고 해서 신성불가침이냐. 그들도 과거에는 일개 판사, 검사, 변호사들이었던 사람들이다. 막강한 대통령에게 대들다가는 어떤 망신을 안 당한다는 보장이 없다. 그냥 적당히 넘어갈 수 없다.

공무원 중에는 똑똑한 사람들이 많지만, 그들도 대통령에게 대들 입장이 아니다. 직업군인들 중에는 투철한 애국심으로 무장한 인재가 다수 있겠지만, 그들도 본질적으로는 상명하복관계를 근간으로 하는 공무원들이다. 자기에게 직접적인 신분상의 불이익이 없는 한, 대세에 추종할 수밖에 없다.

더군다나 현행 헌법 하에서의 대통령은 한 번밖에 대통령을 못하게 되어있기 때문에, 다음 선거를 의식하여 여론에 귀를 기울이거나 이에 타협할 필요도 없다. 나는 임기가 끝나는 그날까지 내가 하고 싶은 대로 하겠다, 밉거든 내 배를 째라고 한다. 이렇게 막가는 대통령을 갉을 사람은 아무도 없다.

이쯤해서 대통령은 불사신이다, 라고 했던 서두로 잠시 되돌아가보자.

대통령은 임기 중에는 죽을 수도, 사임할 수도 없다고 했다.

입으로는 아무리 대통령 못해 먹겠다고 말하더라도, 사임은 아예 상상할 수도 없기 때문에, 건강상의 이유로, 또는 불의의 사고로 대통령이 사망했다고 생각해보자. 가령, 미국에서라면 즉시 부통령이 대법원장 앞에서 취임선서를 하면, 그 순간부터 잔여임기 동안 부통령이 대통령이 된다. 한순간도 정치적 공백이 있을 수 없고, 별다른 혼란이나 공백도 없다.

그러나, 우리의 경우는 그리 간단치가 않다. 우리에게는 그런 부통령이 없다. 사람들은 흔히들, 국무총리가 막강하며, '1인지하 만인지상'의 자리라고 생각들 하고 있지만, 알고 보면 우리의 국무총리는 아무 권한도, 임무도 없는, 일개 시위소찬(尸位素餐)의 자리이다. 그런 무력한 국무총리가 사전에 아무 준비 없이 잠시 대통령권한대행이 된다 하더라도, 그는 다른 일은 할 수 없고, 그날부터 60일 이내에 후임대통령을 선출하는 임무만을 수행하는 데 그쳐야 한다.

잠시 상상해보자. 우리나라는 5년 만에 통상적으로 한 번씩 치르는 대통령선거도 그때마다 세상이 온통 미쳐 돌아간다. 선거법도, 사실상 없고, 소요되는 선거자금도 천문학적이다. 상하가 뒤범벅이 된다. 일단 선거가 끝나고 나면 대기업의 총수들은 줄줄이 검찰에 불려가 검찰청청사 현관바닥에 페인트로 그으진 이른바 포토라인에 멈춰 서서, 사진기자들의 플래시세례를 받아야 하고, 정치자금조사가 끝나고 나면, 반드시 한두 곳의 대기업 총수가 구속되고, 기업이 망하는 꼴을 보아야 한다. 5년마다 무정부 상태의 일대 혼란을 겪어야 한다. 그 밖에 엎어지고 자빠지는 사람은 그 어찌 숫자를 헤아릴 수가 있겠는가. 어떤 나라처럼 총기 난사로 수백 명, 수천 명이 죽는 일이 벌어지지 않는 것만을 다행으로 생각해야 한다. 이런 험악한 임무를 어찌 그동안 무력하던 국무총리가 감당할 수 있겠는가.

이런 끔찍한 혼란을 겪느니, 대통령이 국가의 품격을 현저히 떨어뜨리는 비속어를 쓰든, 국가의 근간이 되는 멀쩡한 현행법을 사문화(死文化)시키든, 국가의 예산을 무시하고 불법자금을 조성하여 이른바 퍼주기를 하든, 어찌하든, 대통령이 끝까지 살아서 임기를 다 채우고, 제 발로 청와대를 걸어 나가도록 참는 것이 현명한 일이다.

'불사신'이라는 것은 어찌 보면 대통령의 덕목이 될 수도 있다. 어떤 어려움이나 실패에도 꺾이지 않는 불굴의 투지를 갖추었다는 것은 좋은 일이다.

독일이 낳은 위대한 철학자 막스 베버는 일찍이 '직업으로서의 정치(Politik als Beruf)'라는 유명한 연설을 한 일이 있다. 정치는 '딱딱한 판자에 맨손으로 차츰차츰 구멍을 뚫어 가는 작업'이라는 표현을 쓰기도 했다. 정치지도자가 되려면 만난을 극복하는 불굴의 의지와 정열의 소지자라야 한다는 점을 강조했다. 그러나 이것은 어디까지나 그가 올바른 판단력을 갖춘 사람일 때나 적용될 수 있는 말이다. 만약 양식을 가진 그 누가 보아도 잘못된 출발점에서부터 출발했거나, 시대착오적인 확신에서부터 출발하여 그릇된 목표를 지향하며 드러내는 정열이라면 이것은 용인되어서도 용납되어서도 안 될 일이다. 이런 경우라면, 그를 뽑은 국민에게도 저항권이라는, 그를 돌려세울 장치가 있어야 한다. 그럼에도 불구하고 우리에게는 그런 장치가 없다. 이것은 실로 통탄스러운 상황이다. 국민은 투표권을 행사할 때만 자유이고, 일단 투표가 끝나기만 하면 노예냐. 이것이 참으로 민주주의냐 하고, 반문하지 않을 수 없다.

나는 '불사신'이라는 말 대신, 차라리, '불가사리'라는 말을 떠올리게 된다. 불가사리는 쇠붙이만 먹고 사는 상상의 동물이라고 했다. '송도(松都) 말년에 불가사리라더니……'라는 말이 있다. 마을에 경우 없는 짓을 하고 다니는 사람이 나타나면 '불가사리'라는 말로 한탄하고 했다. 만약 송도에 불가사리라는 괴물이 나타나서 쇠붙이라는 쇠붙이를 모조리 먹어치우고 다녔다면, 이것은 걷잡을 수 없는, 크나큰 재난이었을 것이다. 부엌에서 쓰던 식칼도, 농사에 쓰던 낫도, 호미도, 괭이도, 다 휩쓸어 갔다면 사람들은 이 괴물을 피해 다른 곳으로 살길을 찾아 도망쳐야 하고, 그 마을도, 도시도, 일시에 폐허가 되고 말 것이다. 대통령을 잘못 만났다면, 우리는 불가사리를 불러들인 꼴이 될 것이다.

불가사리라는 말로 개념이 잘 떠오르지 않는다면 요새 흔히 볼 수 있는 공포영화, SF영화의 한 장면을 떠올리면 될 것이다. 거대한 괴물이 어디선가 갑자기 대도시에 나타나서, 도시 전체를 이리저리 짓밟고 다니지만 이를 제지할 수단은 아무것도 없다, 라는 설정의 영화인데, 만약 이런 상황이 나타난다면 이것처럼 절망적인 비극은 없다고 할 것이다.

한국의 대통령은 불가사리가 될 수 있다. 5년 내내 민생문제는 아랑곳하지 않고, 시대착오적인 가치관을 내세워 정치굿판을 벌이는 데 만 열중하고, '반미면 어떠냐', '반일이면 어떠냐', '쪽팔린다', '아무리 퍼주어도 남는 장사다', '북한에 통 큰 투자를 해라', '잃어버린 10년이라고 한다지만 잃어버린 것이 있다고 신고해 오면 내가 찾아주겠다', '내가 그동안 사고 친 것 없지……' 라고 하고 대통령 자리에 앉아 있다면 이미 불가사리가 나타난 상태나 다름이 없다. 이런 대통령 가까이에 섣불리 다가갔다가는 먼저 밟혀죽기 십상이다.

그것이 크거나 작거나 간에, 나라에는 품격이라는 것이 있다. 대국이라고 해서 품격이 높고, 소국이라고 해서 품격이 낮은 것은 아니다. 경제력도 있고, 군사력도 있어야 국제사회에서 말발이 서는 것은 사실이지만, 나라의 품격을 높이는 것은, 그 나라의 문화수준이며, 특히 대통령의 언동이다.

어떤 나라에도 놀고먹는, 망나니들이 있고, 냉소주의자들이 있게 마련이지만, 그것이 나라의 중추세력만 아니라면 아무 걱정할 감이 안 된다. 그러나 그것이 대통령을 비롯한 나라의 중추세력이 되어 있다면 문제는 심각하다. 그 나라는 심각하게 병들어 가는 나라이다.

'반미면 어떠냐', '반일이면 어떠냐'라 하고 툭툭 내뱉는 말을 들었을 때 처음에는 그저 그런대로 참신하게 들리기도 했다. 그러나, 나중에 '자주국방을 하겠다'고 까지 공언하고 나섰을 때, 나는 이건 아닌데…… 하고 심각하게 받아들이게 되었다. 자주국방을 하겠다는 데 누가 반대하랴. 하지만 자주국방을 하려면 엄청난 돈이 들 터인데 우리에게 그만한 힘이 있느냐를 생각하지 않을 수 없었다. 설사 우리에게 그만한 경제력이 있다고 하더라도 지금 시대가 그런 사태를 용납하는 시대냐, 하는 것이다.

그것이 그의 일관된 생각도 아니고, 미국 대통령을 만나는 자리에서는, 금방 친미주의자로 행세하며, 만약 미국이 우리나라를 도와주지 않았다면, 나 같은 사람은 지금쯤은 북한의 정치수용소에 수용된 신세를 면치 못하였을 것이다, 라고 했다면, 어느 것이 그의 진심이냐를 의심하지 않을 수 없다.

나는 독서를 하다가, 스페인의 철학자 오르테가(Jose Ortega y Gasset, 1883~1955)를 알게 되었다. 그는 1926년이라는 지금으로부터는 아득한 옛날에 신문논설 형식을 빌어, 그의 불후의 명작인 〈대중의 반역(La Rebelion de las Masas)〉이라는 글을 썼다. 이것은 3년 뒤인 1930년에 단행본으로 출판되어, 순식간에 각국어로 번역되었고, 전 세계 식자층에 비상한 충격을 주었다. 이 책에 쓰여진 그의 현대사회에 대한 진단이나 전망은, 시공을 초월하여, 그가 소속했던 20세기 초의 스페인과는 멀리 떨어져, 지구의 반대편에 위치한, 그때 그가 그 존재를 알지도 못했던, 지금 21세기 초의, 한국에도 그대로 적중하고 있다는 사실에 나는 크게 놀라고 있다.

〈대중의 반역〉은 앞으로 여러 번 인용할 예정이지만, 그는 이 책에서 '문명사회에 갑자기 등장한 야만인'이라는 표현으로 '대중'을 정의했다. 나는, 지금 우리 사회에서 판을 치고 있는 불가사리는 그가 말한 '문명사회에 갑자기 등장한 야만인'들이 아닌가 라고 생각한다.

그때 그가 문제 삼았던 '대중의 반역'이란 문제의식은 그 후에 주로 미국에서 난만히 꽃피었던 이른바 '대중문화론'과는 분명히 다른 점이 있다.

오르테가는 사람을 '범속한 대중'과 '정신적 귀족'으로 분류한다.

'정신적 귀족'이란 그 출신 성분에 따라 자동적으로 결정된 신분적 귀족을 말하는 것이 아니라, 스스로 자기에 대하여 무언가 적극적인 사회적인 의무를 부과하고, 보다 높은 이상을 내걸고, 그 이상을 향하여 끊임없이 자기의 자질을 가다듬어가는 그런 사람을 지칭한다. 따라서 정신적 귀족은 스스로에게 많은 책임을 부과하는 사람이다. 그래서 '정신적'이라는 전치사를 붙이게 된다.

반면, '범속한 대중'은 자기 자신에 대하여 아무런 사회적 책임을 부과하지 않고, 자기의 현재에 만족하며, 자기에게는 아무런 불만도 없는 사람, 그런 사람이다. 우수한 사람, 선택된 사람이 나타나면, 그저, 그에게 복종하고 봉사하려는 생각을 가지고 있을 뿐인 사람들을 지칭한다.

그러므로, '정신적 귀족'이나 '범속한 대중'은 그 출생과는 아무런 연관이 없고, 그의 현재의 직업은 물론 실재의 귀족과도 관계가 없다.

오르테가는, 본디 대중은 정신적 귀족에 복종하고 그들의 지도를 받는 존재임을 자각하는 존재였는 데도 불구하고, 오늘날의 대중은 자신들이 범속한 대중이라는 사실이 마치 천부적 권리인 양 착각하여 자신들이 정신적 귀족을 밀어내고 스스로가 정치적 지도자의 입장에 서는 것을 당연한 권리로 생각하게 되었다는 사실을 가리키는 것이다, 라고 말한다.

그러므로 '대중의 반역'이란, 대중이 귀족계층의 지도자에게 반기를 들어 일으키는, 아래로부터의 반란을 의미하는 것이 아니라, 대중이 대중 자신의 원래의 존재방식, 즉, 훌륭한 지도자를 뽑고, 스스로는 그 훌륭한 지도자의 지도에 복종하여, 결과적으로 자기의 행복을 성취한다는, 대중의 존재방식 자체에 대하여 대중 스스로가 반역하고 나선다는 의미에서의 반역을 의미한다. 요컨대 대중의 본질에 대한 대중 스스로의 반역을 의미한다는 것이다.

그러나, 지도자로서의 자질을 갖추지 못한 범속한 대중이 아무런 사전준비 없이 정치적 지도자의 자리에 오르는 것은, 국가를 위해서나 대중 자신을 위하여 매우 위험한 일이라는 것이다.

여기서 한 가지 더 주목하여야 할 것은, 오르테가는 오늘날의 전형적 대중이란 무엇이냐. 그것은 우리가 흔히 대중이라고 생각하고 있는, 평범한 장삼이사(張三李四)가 아니라, 우리가 어떤 분야의 엘리트라고 생각하고 있는 각종 전문가, 지적 전문가들이야말로 이 카테고리에 속한다, 라고 말하고 있다는 사실이다.

과학적인 전문가, 또는 기술자, 지식인은, 요컨대, 자기가 소속해 있는 좁은 세상 밖에 모르는 사람들이다. 지금은 과학의 시대이지만, 원래, 과학이란 잘게 잘게 쪼개어진 분과라는 뜻이다. 그럼에도 불구하고 자기가 소속해 있는 분과가 세상의 전부라고 생각한다. 자기가 알고 있는 세계는 대단히 좁은 세상이며, 어떤 특정한 관점에서 세계를 오려내어 들여다보고 있는데 불과함에도 불구하고 그 특정분야의 지식이 온 세계를 여는 열쇠가 될 수 있다고 생각하게 된다면, 이러한 망상에 사로잡혀 있는 사람들이야말로 바로 현대의 전형적인 대중이라는 것이다. 이 어찌 의미심장한 주장이 아닐 수 있는가.

이러한 오르테가의 분류를 이해하면서 우리가 우리 주변을 살펴본다면, 우리는 우리 주변에 범용한 대중이 정신적 귀족으로 자처하고 있는 사례가 얼마나 많은가를 깨닫게 될 것이다. 과학자도, 의사도, 변호사, 법관도, 대학교수도, 목사도, 신부도, 본질적으로는 대중의 범주에 속한다고 볼 수밖에 없는 사람들이 너무나 많은 것을 발견하게 될 것이다. 물론 전·현직 정치인, 현역 각료 중의 많은 사람들도 본질적으로는 대중으로 분류할 수밖에 없다는 많은 증좌를 발견하게 될 것이다.

대통령의 수준, 국민의 수준(?)

그 자체에 문제가 있건, 없건 간에 이런 대통령도 선거를 통해 선출된 사람이다. 그렇다면, 조금이라도 사려 깊은 사람이라면 그 후보의 성품, 능력이나 한계를 예견할 수 있는 상황이었으면서도 그러한 사람이 당선될 수 있었던 소지는 어디에 있었는가. 이것이 문제라고 할 것이다.

그 첫째는 정치적 중립을 표방해야 한다는 선거법상 제약 때문에, 결정적인 순간에는 후보에 대한 평가를 언론기관이 보도할 수 없다는 약점이 있다는 사실을 지적하지 않을 수 없다. 그렇기 때문에 막판에 가서는, 언론기관들은 자체의 평가와 전망이 있더라도, 그것을 잠시 접어두고 여러 후보들에게 지면배정이나 방송의 시간배정을 공평하게 하도록 노력할 수밖에 없다. 그러므로 일반 독자, 시청자들 입장에서는, 언론으로부터는, 어느 후보나, 어느 정당에 투표를 하여야 하는가에 대한 시사를 받을 수가 없다.

사실, 사람들은 자기의 머리로 사물을 판단하려고 노력하는 습

관이 별로 없으며, 언론기관이 제시하는 의견을 마치 자기의 것인양 그대로 수용하는 경향이 있다.

결정적인 순간에 언론기관이 보도할 수 있는 것은, 후보나 그 후보를 낸 정당들이 쏟아내 놓는 말들을 같은 길이로 요약해서 내는 길 뿐이다. 이때는 말잔치뿐이다. 그럴듯한 말을 만들어내는 후보 내지 정당이 결정적으로 유리하다. 거짓말이 되었건 실현 불가능한 공약이 되었건 이를 논평하거나 검증하는 것은 나중에나 할 수 있는 일이다. 언론기관들은 후보나 정당들에게 무방비상태로 이용된다.

일반 유권자인 시청자, 독자들은 투표결과에 아무 책임을 지지 않기 때문에 후보의 표정이 밝다든지, 말솜씨가 유창하다든지, 사투리를 적게 쓴다든지, 로고송이 재미있다든지, 심지어는 넥타이 색깔이 좋다든지 하는 지극히 사소한 표피적 인상에 좌우된다.

후보나 정당들도 진지한 내용을 논설하기보다는, 툭툭 내던지듯, 인상 깊은 말을 만들어 내는데 주력한다. '차떼기 정당'이라든지, '병역기피자 정당'이라든지, 하는 이른바 네임콜링이나 네가티브 캠페인이 판을 친다. 상대정당이나 후보가 이를 반박하기에는 시간이 너무나 촉박한 순간을 이용하여.

사실, 그동안 우리는 진지한 말들에 식상해 있었다고 할 수도 있다. 성장이나 건설, 안보 등등 진지한 의제보다는, '같은 민족끼리'라든지, '아파트를 반값에 제공하겠다'라든지, '양극화를 없애겠다'라든지, '반미면 어떠냐'라든지, '반일이면 어떠냐'라든지, 하는 즉흥적이고 무책임한 언동에 더 신선한 감동을 받을 소지가 얼마든지 있었던 것이다.

　그동안 우리나라의 책임 있는, 선량한 국민들 그리고, 정권의 중추세력이나 위정자들은 그런 장난 같은 헛소리에 귀를 기울이기보다는 나라의 발전을 위해 앞만 보며 달려왔다. 그 기간은 아무리 줄잡아도 30~40년이 된다. 그러므로 어지간히 피로를 느낄 때도 되었었다.

　그러다가, 갑자기, 이른바 '민주화'라는 광란의 시대를 맞았다. 그동안 뒤안길에 밀려 있던 이른바 민주화세력들이 물밀듯 권력의 중추에 들어섰다. 그들은 발전의 시대, 성장의 시대를 '암울했던 시대'로 낙인찍었다. 경제적, 사회적 발전의 시대에 기여했던 사람들의 공로는 무시되고, 하다 못 해 닭장차나 경찰서 유치장에라도 갔다 온 사람이라야 크게 행세할 수 있는 시대가 되었다. 일 열심히 한 사람은 병신이 되고, 세금 잘 낸 사람들은 무기력한 수구세력, 바보, 멍청이 대접을 받게 되었다. 그러므로 많은 국민들은 그동안 나는 무엇을 하였던가, 자문하지 않을 수가 없게 되었던 것이다. 그래서 싫건, 좋건, 자의건, 타의건 간에 일종의 니힐리즘에 빠져들게 되었다. 니힐리즘이란 한마디로 가치상실, 목표상실, 고향상실을 의미한다.

　이럴 때는, 음악감상이나 하고 있는 것이 위로가 되겠지만, 음악도, 클래식, 루치아노 파바로티 보다는, 트로트, 패티 김, 이미자가 제격이다.

　말도 정당한 말보다는 툭툭 던지듯 내뱉는 삐딱한 한마디가 더 어울린다. 투표를 할 때도 점잖은 사람보다는 헛소리 잘하는 사람, 잘 웃기는 후보가 더 돋보인다. 에라, 모르겠다, 너나 한번 해 보거라, 하는 심리가 된다.

이리하여, 불가사리 같은 사람의 대통령 당선이 가능해진다. 그러나, 이것은 어디까지나, 유권자의 정신적 공황상태를 반영하는 일시적 현상일 뿐, 일부에서 말하는, 이른바 국민의 좌경화나 민주주의 승리와는 아무런 관련이 없는 일이다.

대통령의 수준은 결국 그 국민의 수준이라고 말하는 사람들이 있다. 그러나 나는 그런 논의에 결코 동의할 수 없다는 입장에 서있는 한 사람이다. 우리나라가 어떤 나라이냐. 우리의 선대들이 논 팔고, 소 팔아, 자녀 교육에 헌신한 까닭으로, 우리나라는 우리가 상상할 수 있는 이상으로 다방면에서 인재강국이 되어 있다. 그렇지 않고 어떻게 이렇게 단시일 안에 이만한 국력을 이룰 수 있었겠는가. 그러므로 지금과 같은 현상은 어디까지나 일시적, 과도적 현상이며, 머지않아 어떤 계기가 마련되기만 하면, 상하가 결속하여 다시 비약적인 발전을 이룩할 수 있다는 입장이다.

근간, 나는 내가 좋아하는, 전직 국회의원이며, 장관 경력도 있는, 어떤 후배로부터 그가 신문에 기고한 기사의 카피 두 통을 받았다. 하나는 〈별것이 다 대통령을 하란다〉라는 제목이고, 또 하나는 〈국민은 지도자를 만들고……〉였다. 다 읽고난후 나는 짤막한 독후감을 초하여 그에게 우송했다.

그랬는데, 오늘 아침 조선일보 논단란에는 〈우리 대통령제는 이제 치매다〉라는 제목의 글이 실렸다. 세 가지 글이 모두 나에게는 감동적인 것이었지만, 직접 읽은 독자들이 많을 것이므로 여기서 새삼 그 내용을 요약할 필요는 없겠다. 대통령은 법도, 여론도, 민생도 아랑곳하지 않고, 앞으로 대통령이 되겠다고 나선 사람들은, 자기의 주장은 내세우지 못하면서, 자기의 출신 정당도 굳히지 못하면서, 오로지 상대당 후보의 낙마에나 기대고 있는, 오늘의 상황으로 미루어, 요컨대 지금 우리의 정치는 사경을 헤매는 중태라는 것이다.

나는 동아일보 사회부 기자로 재직하던 시절, 4.19 직후의 사회적 난맥상을 비판하여, '혁명중독증'이라는 제목의 기사를 쓴 일이 있다. 이것은 사회면 톱기사로 실렸었다. 나는 이 기사를 통하여 데모만능주의를 경고했던 것이다.

나는 오랫동안 텔레비전보다는 라디오를 주로 들어왔다. 그러다가 어느새 그것도 그만두고, 오로지 FM 음악방송만 듣게 되었다. 텔레비전이나 AM 라디오는 말이 너무 많아서 싫다. 특히, 토론시간은 딱 질색이었던 것이다. 말만 하면 문제가 다 풀리느냐, 그동안 말을 안 해서 일이 안 됐다는 얘기냐, 라고 생각하지 않을 수가 없었던 것이다. '말만 하고 행동은 아무것도 안하는 정권'이라 해서, 한때, 'NATO정권'이라는 비아냥도 있었다. NATO란 'No Action, Talk Only'를 의미한다고 했다. 그것도 말만으로는 금방 해결될 수 없는 문제를 가지고 알맹이 없는 토론만 매일 해대는 것은, 책임 있는 언론기관으로는, 해서는 안 되는 일이라고 생각했던 것이다.

지도자의 자질

내가 수원대학교 교수로 재직하던 시절, 한 정계 중진인사로부터 전화를 받았다. '내일 시간이 있거든 나하고 점심이나 같이 하자'는 것이었다. 이 분은 공적으로나, 사적으로나, 좀 답답한 일이 있으면, 나에게 사정을 솔직히 토로하곤 하던, 나하고는 극히 친밀한 사이였다.

나를 보자말자 '박형, 참 큰일났어……' 하는 것이었다. '왜 그러십니까' 했더니, 다음과 같은 말을 들려주었다.

'지금 우리 당 당수라는 사람, 앞으로 대통령 후보가 될 사람 있지 않아요. 그동안 곁에서 가만히 보니, 이 사람은 당수가 무얼 하는 자리인지, 대통령 후보가 어떤 처신을 하여야 하는지를 전혀 모르는 사람 같아요.' 하는 것이었다. 그러면서 보충설명을 하였다. '이 사람은 누구에게도 잘 부탁한다는 말을 못하는 것 같아요……'

'설마 그럴 리가 있습니까. 원래, 친한 사람은 가까이서 보면 늘 서툴러 보이는 것 아니겠습니까. 좀 더 두고 보시면, 그런 기

우는 점차 사라질 것입니다……’ 그러고는 이런저런 세상 돌아
가는 얘기를 더 나누다가 헤어졌다. 화제의 주인공은 KS 출신의
수재이며, 대법관을 거쳐 감사원장, 국무총리를 역임한 이회창씨
였다.

사실, 그때 나는 사태의 심각성을 약간은 이해 할 수 있었으
나, 내 입으로 그 말을 꺼내지는 않았었다. 정치인은 선거 때가
되면, 염치불구하고, 아무에게나 다가가서 손을 덥석 붙잡고,
‘나 좀 도와 주시요. 나는 지금 거의 당선된 상태이나 꼭 한두
표가 부족합니다. 당신이 확실하게 그 중 한 표만 보태주시오’
해야 하는 것으로 알고 있었던 것이다. 그리고는 ‘나 지금 돈이
딱 떨어졌습니다. 돈 가진 것 있거든, 십만 원도 좋고, 2십만 원
도 좋으니, 지금 당장 좀 도와주시오’까지 할 수 있다면, 이것은
만점이다. 그러나 자존심 강한, 사법관 출신인 그에게 이런 행동
을 기대한다는 것은 무리인 것 같았기 때문이다.

어찌 되었거나, 이 사람은 그 선거에서 떨어졌고, 그 다음 선
거에서도 연달아 떨어졌다. 그리고는 정계은퇴를 선언했다. 그러
고는 사람들 기억에서 서서히 사라져 갔었는데 지난번 대통령선
거 직전이 되자 느닷없이 무소속 출마를 선언하며 또 선거판에
뛰어들었다.

이번에는 불쑥, 책상 위로 뛰어 오르기도 하고, 주먹을 불끈
쥐고 웅변을 하고, ‘죄인 이회창입니다’ 하고 자신을 낮추는 언
동도 서슴치 않았다. 나는 많이 발전하였구나 하고 느끼기도 하
였으나, 이제는 벌써 늦었다고 생각하고 있었다. 한강물은 예나

지금이나 도도히 흐르지만, 어제의 물은 오늘의 물이 아니다. 어제의 내 지지표는 오늘의 내 지지표가 아닌 것이 아닌가.

지도자의 자질론에는 '수신제가 치국평천하(修身齊家治國平天下)'론도 있고, 마키아벨리의 〈군주론〉도 있고, 20세기 들어서는, 막스 베버의 〈직업으로서의 정치〉론도 있고, 오르테가의 〈대중의 반역〉 중 해당부분도 있다. 그러나 이런 자질론에는 지금 우리가 교과서로 삼기에는 각각 문제가 없지 않다고 보아지기 때문에, 나는 내 나름대로의 자질론을 감히 제시해보려 한다.

첫째는, 분명한 국가목표와 이를 달성할 구체적인 방법론을 제시할 수 있어야 한다.

그 목표가 너무나 원대하여, 가령, '유토피아' 나, '지상낙원'을 건설하겠다고 나선다면, 이는 독재자로 변신할 가능성이 큰 스탈린의 아류로 분류해서 크게 경계해야 한다. 자기의 정책목표는 제시하지 못하면서, 상대 후보의 낙마에나 올인하는 사람이라면, 처음부터 자질부족일 뿐 아니라, 요행이나 바라는 한낱 기회주의자이다.

둘째는 조직과 자금동원능력이 있어야 한다. 이것이 없다면 그 사람도 요행수나 노리는 기회주의자다.

셋째는, 국정수행능력을 증명할 실적이 있어야 한다. 실적이 없다면 그 사람은 허황한 선동가이다.

넷째는, 탁월한 건강과 강철 같은 의지의 소지자라야 한다.

다섯째는, 나설 것인지, 엎드릴 것인지를 판단할 능력이 있어야 한다. 같은 일도 될 때가 있고, 안 될 때도 있다. 될 때 나선다면 사람도 모이고, 자금도 모이고, 일도 성공하지만, 안 될 때 나선다면 일도 망치고, 나라도 망치고, 그 사람도 다친다. 천시지리인화(天時地利人和)가 가장 중요하다.

어떤 대통령은 '머리는 빌려오면 되는 것이지만, 내 건강은 남으로부터 빌려올 수가 없으므로, 대통령은 열심히 건강만 챙기면 된다'면서 매일 아침 달리기를 계속한다는 보도를 접한 일이 있었다. 그 말은 일면의 진리를 내포하고 있다. 대통령이라 해서 어찌 모든 일은 다 혼자서 할 수가 있겠는가. 그러나 머리를 빌리더라도 어떤 머리가 필요한지, 어떤 사람이 그런 머리의 소유자인지를 판단하는 일은 그 대통령이 직접 해야 한다. 그러므로 대통령 자신이 먼저 상당한 수준의 머리의 소지자라야 하는 것이 아닌가. 더군다나, 이미 상당한 고령에 접어든 대통령이 매일 아침, 조깅으로 그 일정을 시작한다는 것은 무리가 많아보였다. 그것은 재야시절에나 합당한 일이라고 생각되었던 것이다.

어떤 대통령은 '준비된 대통령'이라고 선전했었다. 재야생활, 야당 국회의원만 해온 사람이 대통령이 된다는 데 대하여는 국민들 사이에 불안이 없을 수 없었다. 그러므로 이분이 '준비된 대통령'이라고 선전한 것은 매우 적절한 작전이었다고 평가할 수 있었다. 이분은 연설에 능하여 대통령 취임사도 텍스트 없이 즉석연설처럼 해치웠다.

내가 알기로 이분은 정책도, 조직도, 자금도, 선전도, 다 남에게 맡기지 않고 본인이 다 직접 챙기고 입안, 운영하는 사람이었다. 그러나, 나중에 알게 되었지만, 준비된 대통령이라고 믿기에는 미흡한 점이 많았다.

내가 보기에 준비, 준비하지만, 그 중에서도 가장 중요한 준비는 사람준비라고 생각한다. 이 분에게 그토록 다양한 분야의 사람이 준비되어 있었던가, 하는 것은 의문이다. 사람준비가 되어 있는가 아닌가는 집권 후의 인사를 보면 안다. 5년 동안의 인사를 보면 대부분이 보은인사였다. 파당인사라면 개혁인사와는 거리가 멀다.

집권하기까지의 유공자에게 자리를 배정하는데 급급하였다 할 것이다. 그것은 인사권의 80% 이상을 전횡하였다고 당내에서조차도 말이 많았던 어떤 측근 참모의 공공연한 언설에서도 그대로 드러났다. 결국 그가 준비했던 것은 연설문 몇 개뿐이라고 할 수도 있었다.

어떤 일본의 정치인은 그의 회고록에서 이렇게 고백한 일이 있다. 수상이 되면, 잘 안 보이는 것이 두 가지가 있다. 그 첫째는 사람이고, 둘째는 돈이다.

사람이고, 돈이고를 제대로 알려면, 집권하고 나서는 너무 늦다. 권좌에 오르기 전에 알아 두어야지, 집권하고 나서는 두 가지가 다 잘 안보이게 된다. 좋은 말을 하면서 접근해오는 사람이 너무나 많기 때문에 어떤 사람이 좋은 사람이고 아닌지를 알 수 없게 되고, 또 돈이라면 필요한 만큼 언제든지, 얼마든지, 동원할 수가 있기 때문에 안 보이게 된다는 것이다.

사람들은 이렇게 말하기를 좋아한다. '나는 아부를 싫어한다, 옳은 말 하는 사람을 더 좋아한다'라고. 이 말은 과연 진실인가. 웬만한 자리에 있어본 사람이면 알겠지만 옳은 말, 귀에 거슬리는 말은 싫어하고 듣기 좋은 말, 솔깃한 말 하는 사람을 더 좋아하게 된다. 한마디로 아부하는 사람을 더 좋아하게 된다. 이것은 인지상정이다. 일정이 바쁘고, 몸이 피곤한데 듣기 싫은 말을 참고 들을 만큼 여유가 없는 것이다.

또 갖은 난관을 뚫고 청와대까지 들어가서 이른바 독대(獨對)에 성공한 사람이 무엇 때문에 대통령이 싫어할 만한 말을 꺼낼 것인가. 좋은 말, 아부하는 말을 한 다음에 자기가 꼭 하고 싶은 청원을 하고 나오면, 그것으로 그만이다.

일이 이렇게 되니, 대통령들은 차츰 자신이 스스로 성군(聖君)이 된다. 잘하고 있다는 말만 들리고, 잘못하고 있다는 말은 안 들리기 때문이다. 나는 지독한 아부의 현장을 어지간히 직접 목격했다. 어떤 장관은 여러 사람이 있는 자리에서 대통령에게 이렇게 말하는 것이었다. '각하, 요새 농촌 사람들은 신문을 잘 안 봅니다.' 그러고는 말을 이어갔다. '아무것도 아쉬운 일이 없는 태평성대인 데 왜 신문을 보겠습니까……'

사실, 우리의 대통령은 미국의 대통령, 일본의 수상에 비해서는 그저 먹기이다. 일이 벌어지면 '빨리 대책을 세우라'고 내각이나 관계 장관에게 지시하기만 하면 그것으로 그만이다. 국회에는 국무총리나 내보내면 된다. 그러나 내각책임제 하의 일본 수상은 언제든지 국회의 상임위원회나 본회의장에 직접 나가서 질의를 경청해야 하고, 직접 답변을 해야 한다. 미국 대통령은 24시간, 전 세계에서 일어나는 일들에 신경을 써야 하고, 그것이 한밤중이라도, 즉각 대응정책을 결정하해야 하며, 언제든지 기자회견장에 불려나가야 한다. 얼굴에는 주름살이 생기고, 머리는 근방 하얗게 세어진다. 이 얼마나 고된 일인가.

이런 격무에 비하면 우리 대통령들은, 그 권한은 가히 제왕적이면서, 그 업무는 지극히 한가한 편이다.

그러니 그들은 '내 한마디로 세상을 깜짝 놀라게 할 일이 없나' 하고, 항상 그것만 생각하는 것이 아닌가 하는 생각이 든다. 물론, 그것도 대통령 나름이기는 하겠지만…… 언론학 교과서에는 으레 이런 말이 나온다. '개가 사람을 물면 뉴스가 안 되고, 사람이 개를 물었다 하면, 큰 뉴스가 된다'라는 대목이다. 개가 사람을 문다는 것은 흔히 있을 수 있는 일이지만, 사람이 개를 물었다 하면, 그것은 매우 드문 일이기 때문에 큰 뉴스가 될 수 있다는 것이다. 이제는 '전직'이 된 노무현 대통령이 자주 비어, 속어를 쓴 것은 그것이 비어인 줄 몰라서, 속어인 줄 몰라서 그런 것이 아니라, 그래야 큰 뉴스의 생산자가 될 수 있다는 언론학적 지식 때문이며, 사회 저변층과 나는 언제나 호흡을 같이 하고 있다는 사실을 강조하기 위한 그 나름대로의 작전이 아니었던가 하는 생각이 들기도 한다.

나는 박정희 대통령과 전두환 대통령을 지금도 존경한다.

　박정희 대통령 시절, 나는 신문사 정치부기자, 정치부장을 했다. 박 대통령이 추진하던 '조국 근대화'라는 정책목표에 크게 공감하기는 했지만, 때로는 너무나 냉혹하고 강압적인 집권자세를 취하였기 때문에 자유민주의 신봉자인 나로서는 반감을 안 느낀 것은 아니었다. 그러나 때로 그가 드러내는, '인간적인, 너무나도 인간적인' 측면을 대할 때마다 이에 크게 매료되었다. 특히, 부하들의 여성문제로 인한 스캔들에는 지극히 관대했다. 사생활문제의 피해가 공적 영역까지 확대되지 않는 한 불문에 붙였다.

　그는 여론 경청능력도 갖추었다. 지금 대부분의 사람들은 다 망각했겠지만, 이른바 '언론윤리위원회법파동'이라는 것이 있었다. 이때 나는 한국일보에 정치부기자로 있었다. 정부의 발의로, 여러 곡절 끝에 여야 합의로 '언론윤리위원회법' 이라는 언론통제법이 국회를 통과했다. 이 때 벌떼처럼 일선 기자들이 반대하고 나섰다. 각 언론사의 사장, 사주들은 엉거주춤한 유보적인 태도를 취하였다.

　이 일선 기자들의 반대운동에 선봉적인 역할을 스스로 맡고 나선 것은 지금 이 글을 쓰고 있는 나 박현태였다. 한국일보에는 이 신문의 견습기자 출신들의 친목단체인 '제2 화요회'라는 것이 있었다. 나는 이 '제2 화요회'의 총무(대표)였다. 당시, 장기영 한국일보사장은 경제부총리 겸 경제기획원장관으로 사장자리를 잠시 내놓고 출사(出仕)중이었다.

　나는 소극적인 동료들의 견해를 제압하고, 거의 혼자서 이른바

'한국일보 기자일동'이라는 이름으로 3개항의 반대결의문은 작성하여, 보도자료로서 도하 각 신문에 배포하였다. 이 결의문은 그 이튿날 석간 동아일보에 1면 톱으로 보도되었다. 이를 뒤쫓아, 전국의 모든 대소 신문들도 글자 한자 안 틀리는 '기자일동' 명의의 결의문을 채택하였다고 일제히 보도하고 나섰다.

사태의 확대를 우려한 박 대통령은 결국, '언론윤리위원회법 시행보류'라는 결정을 내려, 파동을 수습했다. 그때까지 알려졌던 박 대통령의 성격에 비추어, 이것은 실로, 파격적이 결정이었다. 박 대통령은 그런 결정도 할 수 있는 사람이었다.

'냉혹하지만 인간적'인, 이것이 지금 내가 안고 있는 박 대통령상이다.

전두환 대통령도 과감하지만, 경청능력이 있는 지도자였다. 그때 나는 여당인 민주정의당 중앙집행위원 겸 수석 정책위부의장 겸 정책조정실장 겸 국회의원이었다. 나는 직책상 자주 전 대통령을 만날 수 있었다. 당시에 '금융실명제'의 실시가 개혁정책의 선결과제라 하여 거론되고 있었다. 그러나 이것의 실시를 유보시킨 것은 민주정의당의 건의를 전 대통령이 채택한 때문이며, 이를 건의한 주역은 당시의 이재형 당대표위원과 권익현 사무총장과 정책조정실장이던 나 박현태, 세 사람이었다. 세 사람은 청와대로 전 대통령을 찾아가 보류재가를 받아 나왔다. 금융실명제는 김영삼 대통령 때 보란 듯이 시행되었다. 그러나 이 법이 김 대통령의 재임 중 그가 가장 사랑하던 아들의 구속을 가져온 빌미가 된 것은 세상이 다 아는 일이다. 정책은 양날의 칼이다. 순기능도 있고, 역기능도 있다는 것은 역사의 교훈이다.

전 대통령은 퇴임 후 부정축재의 비난을 받았다. 나는 그분의 재산상태를 알지 못한다. 그러나 그런 비난의 대부분은 당시 정치자금 출납을 둘러싼 잡음과 부정을 경계하여 그가 창구일원화를 감행한 데 기인한 것이라는 것을 아는 사람은 다 알고 있다.

내가 전 대통령의 인격에 크게 감동한 것은 퇴임 후의 일이었다. 나는 그때 수원대학교 언론학 교수였다. 이른바 '목요산악회'에 여러 번 초대되었으나 대부분 불참했다. 나는 어떤 일이 있더라도 결강은 하지 않겠다는 결심을 하고 있었고, 목요일은 언제나 강의가 있는 날이었다. 그래서 나는 딱 두 번쯤 동행하였다.

나는 그때나 지금이나, 담배를 피우고 있기 때문에, 되도록 말미에서 수행했었다. 그런데 한번은 앞서가던 전 대통령이 그 자리에 멈춰 서서 나를 불렀다. '요새도 수원의 대학에 다녀요?' 했다. 나는 즉각 대답했다. '예, 각하께서 재직 중 저에게 과분한 사랑을 베풀어 주신 덕분에 거기서도 지금 잘 대접 받고 있습니다……' 그랬더니, 그는 정색을 하며 말하였다. '여보, 내가 당신에게 잘 해준 것이 뭐가 있소. 내가 오히려 당신의 신세를 졌지요. 나한테 안 왔다고 해서 당신이 놀고 있을 사람입니까.'

나는 이 말에 두고두고 감탄하고 있다. 이 정도로 말할 수 있는 이 분은 상당한 인격의 소유자가 아니냐 하고.

요컨대, 지도자는 무엇보다도 교양이 있는 사람, 인간적인 매력이 있는 사람, 자장(磁場)이 넓은 사람이라야 할 것 같다.

과거 부정 (否定)은 자해행위

우리가 지금 이만한 번영과 안정을 누리고 있는 것은 과거 우리의 선대들이 누대에 걸쳐 쌓아온 노력의 결과이다. 그럼에도 불구하고 일부에서는 과거부정이 마치 새 시대 개척의 출발점이 되는 양 떠들어대는 사람들이 있다. 그들은 물질적 풍요, 사회적 안정 등등 선대들이 만들어 놓은, 유산은 마치 천부적인 당연한 권리처럼 향유하면서 그 유산을 만든 부모는 부정하는 파락호, 불효자들이라고 하겠다. 오르테가의 말처럼 '문명사회에 갑자기 뛰어든 야만인' 들이 아닌가.

'한국적인 것이 세계적인 것이다'라고 말하는, 광고문구가 있었지만, 이것은 대단히 경망한 말이다. 까놓고 말해서, 지금은 여전히 '서양의 시대'이다. 번영도, 안정도, 평화도, 자본주의도, 자유민주주의도, 예술도, 모두가 다 서양, 유럽이 주도해서 형성해놓은 과학기술과 논리와 철학이 만들어낸 결과이다.

아시아에서는 유일하게 일본이 선두에 서서 선진국의 대열에 올라섰지만, 이것은 일본이 독자적인 문명을 형성해 있어서가 아니라, 서양을 재빨리 흡수하고, 번역한 덕택이다. 중국도 일본을 모방하고, 일본의 번역을 그대로 따른 데서부터 그들의 근대화, 산업화가 시작되었다, 라는 것은 역사가 증명하고 있는 엄연한 사실이다.

그럼에도 불구하고, 오늘날 '서양'의 주축이 되어 있는 미국에 등을 돌리고, 아시아의 선진국이 되어 있는 일본을 적으로 돌리면서, 이미 수평선 너머로 사라져가는, 김정일 집단을 '우리 민족끼리'라면서 껴안고 돌아가는, '투항적' 우리 민족끼리 정책이 현실적인 정책이냐, 전향적인 정책이냐 하는 것은 새삼 물어볼 것도 없다.

'북한의 붕괴는 크나큰 재앙이다'라고 믿고 있다면 그것이야말로 시대착오적인 망상이다. 그들이 핵폭탄은 만들었다 한들 그것을 내다 쏠 데는 아무데도 없다. 쏘았다 하면 그것은 그들의 붕괴를 앞당기는 촉진제가 될 뿐이다. 그들의 붕괴를 우리 힘만으로 막아줄 방법도 없다. 그들이 붕괴하였을 때 그 인민들을 구제할 힘은 미국과 일본을 주축으로 하는 국제협력에서만이 나올 수 있다. 이것은 ABC이다. 도대체 어쩌자는 것이냐.

누구는 할 줄 몰라서 핵을 안 만드느냐. 일본도, 우리도, 작심만 하면 금방 만들 수 있다. 세계적으로 알려진 조선 대국인 우리나라는 항공모함도 어렵지 않게 만들 수가 있다. 다만, 그것을 유지하는 데 너무 많은 돈이 들어 문제일 뿐이다. 북이 핵을 가지고 있다 하더라도 우리의 체제만 확고하다면, 우리가 대통령만 제대로 뽑는다면, 아무런 위협이 될 수 없다. 중국에게도, 북한에게도 아무 꿀릴 일이 없다 할 것이다. 그럼에도 불구하고 이들에게는 벌벌 기는 이유는 무엇이냐.

자유민주주의도 과거의 유산이다. 그것도 우리가 스스로 발명해낸 유산이 아니라, 서양에서 만들어낸 인류의 유산이다. 서양에서 만들어졌다고 해서, 우리가 그 가치를 부인할 것인가. 거부할 것인가.

과학과 기술은 말할 것도 없다. 이른바, 르네상스의 3대 발명이라는 것이 있다. 활판인쇄술과, 제지술(製紙術)과 화약이 그것이다. 그러나 이것들은, 서양에서보다는 훨씬 전에, 중국과 우리 조선에서 만들어졌던 기술이다. 그밖에 중국에서도, 우리에게도 많은 발명이 있었지만, 서양 같은 물리학, 수학적 기초가 없었기 때문에 이를 계속해서 발전시키고 이어갈 수가 없었을 뿐이다. 그러나, 서양에서는 이를 토대로 하여 비약적인 과학기술의 발전이 이루어져, 전 세계를 그들의 손아귀에 휘어잡을 수가 있었던 것이다.

일정시대의 친일파를 단죄한다고 하여, 그 후손들의 재산을 환수하는 법을 만들었다. 그러나 이것은 하나의 코미디이다. 그때가 언제 적 일이냐. 줄잡아도 백년 전 일이다. 이 나라에는 시효도 없느냐. 아무리 생각해도 이것은 위헌이다. 우리나라에는 시효제도가 없다면, 임진왜란 때의 부역자 재산의 환수법은 왜 없는가. 또, 앞으로는 일본과는 국교를 단절할 작정인가. 그것이 우리가 앞으로 살아가는데 유익한 노선인가를 먼저 생각하며 이런 법을 만든 것인가.

　과거를 부정하는 것은 자해행위이다. 그 시대에는 그 시대 나름의 불가피성이 있는 법이다. 배가 고프다면 남에게 빌붙어서라도 살아남아야 한다. 이런 진리를 무시하고, 부강해진 후세의 잣대로 전 시대, 과거를 단죄하기 시작하면, 역사의 전진은 없다. 단죄는 단죄를 낳곤 하여, 끝없는 사회적 혼란을 불러올 뿐이다.
　나는 가끔 이런 생각을 해보기도 한다. 이완용은 매국노라고 치자. 그가 당시에 생각하던 나라와, 지금 우리가 생각하는 나라가 과연 동일한 개념이었겠는가 라고. 나라는 기울대로 기울었고, 청나라는 이미 청일전쟁에 패하여 의지할 대상이 못되는 상황에서, 그는 친로파가 되었다. 뒤늦게 조선에 뛰어든 키 크고, 파란 눈의 러시아 사람들은, 새롭게 조선에 군림하게 된 일본을 구축할 수 있는 힘을 가진 것이 아니겠느냐 라고, 생각할 수 있었을 것 같다. 일본 낭인, 깡패들이 백주에 경복궁 내전에 쳐들어가서 민 황후를 시해해도 속수무책으로 당하기만 한 고종은 아라사 공관에 인접한 덕수궁으로 피신해 있다가, 드디어는, 아예, 아라사 공관으로 잠자리를 옮겼던, 이른바 아관파천은 이미 우리 조정이 왕실의 안전도 보장하지 못할 형편임을 만방에 천명한 사건이었다. 그래서 할 수 없이 친러파로 돌아섰다. 그에게는 왕실의 안전 이상으로, 긴급한 당면과제가 없었던 것이 아니었을까. 그가 생각했던 나라는 바로 왕실이 아니었겠나. 그 아라사도 러일전쟁에 패하여 물러난 시점에서, 일본이 고종 이하 조선 왕족들에게는 일본의 왕족과 동일한 예우를 하고, 그를 비롯한 각료들에게는 일본의 귀족과 동일한 대우를 하겠으니, 합방을 하자 하면, 선택의 여지가 없지 않았겠는가 라는 생각이다. 결국, 그에게 있어 국가는 왕실이 아니었겠는가 하는 생각이다. 이렇게 말하면 펄쩍 뛸 사람이 많겠지만, 책임 있는 당로자(當路者)였다 하면, 결정을 무작정 회피하고 있을 수만은 없었을 것 같기도 하다.

정치는 특히, 국제정치는 도덕도, 윤리도 아닌, 힘의 세계이다. 모택동은 '권력은 총구로부터 나온다'라고 했다. 힘의 관계를 도외시하고 국제정치를 논한다는 것은 공리공론이거나 아마추어적 애국론이라는 생각이 들기도 한다.

사람이 살아가려면 부끄러운 일, 기억에서 지워버리고 싶은 일들도 많다. 그러나 이 모든 과거와 역사가 모두 우리의 재산이다. 이것을 모두 부정하고 나면, 후세의 잣대로 우리끼리 단죄하고 나선다면, 결국 우리도 없어진다. 우리가 없어지고, 조상은 부정되는데서, 무슨 개혁정치가 있을 수 있겠는가.

국가, 국민, 그리고 민족

우리에게는 '삼국시대'가 있었고, 〈삼국유사〉, 〈삼국사기〉라는 훌륭한 역사책도 있다. 그러나 우리가 오늘 생각하는 것과 같은 '국가'가 그때부터 있었던 것은 아니다.

국가라는 개념, 국민이라는 개념은, 이것 역시 서양에서부터 생겨났다. 그것도 오래 된 것이 아니라 극히 최근에 생겨난 것이다.

미국이 독립을 선언한 것은 1776년이다. 그때까지만 해도, 서양에서도 요새 우리가 가지고 있는 것과 같은 '국가' 개념은 사실상 없었다. 미국은 자기네 국가이름을 '유나이티드 스테이츠 오브 아메리카'(The United States of America)라고 불렀다. 문제는 여기서부터 시작되었다. 지금으로부터 불과 230년 전의 일이다.

state는 지금은 미국의 '주(州)' 또는 '국가'로 번역되지만, 그때는 주로 '신분' 또는 '재산'을 의미했다. 영국 왕이 소유했던 '재산(state)'을 미국 국민의 전체 '재산'으로 바꾼다는 의미에서,

지역별로 이름을 붙여, 13개의 state가 생겼고, '그것의 연합체'
라는 의미에서 united라고 한 것이다. 그러니 미국의 국명을 '미
합중국(美合衆國)'이라고 부르는 것은 좀 잘못된 번역이다. 원
래, 북아메리카에는 영국 왕의 재산인 식민회사가 13개 있었다
는 의미이지, 사람의 무리 즉 중(衆)이 열세 개라는 의미는 아니
었기 때문이다. 어쨌거나 미국에서는 주가 먼저 생겨 있었고, 그
주는 거의 독립국적인 상태였다. 재산의 주인인, 영국 왕은 아메
리카에 와 본 일도 없었다.

미국에서 state가 국가라는 의미로 쓰이기 시작하자, 이것이 서
양, 유럽으로 역수입되어, 때마침 각처에서 형성되던 이른바 '국
민국가(national state)'의 이름으로 'state'가 사용되게 되었다는
것이 이 말의 곡절이다.

그전까지는 유럽에서는 왕, 봉건영주와 그의 영토는 있었지만
어떤 지역을 국경으로 하여, 그 국경 안에 있는 인민들을 왕이
직접 국민으로 지배하는 국가는 없었다. 가령, 지금의 프랑스,
독일, 이탈리아라는 국가의 국경 안에는, 왕의 재산인 직할령(直
轄領)이 여기저기 흩어져 있었고, 왕비가 결혼 때 가지고 온 재
산인 왕비령과 봉건영주령(封建領主領)이 군데군데 끼어 있었을
뿐이다.

따라서 오늘 우리가 생각하는 것과 같은 국가는 없었다. 국어
도 없었다. 그 지방마다 쓰여지던 방언, 사투리가 있었을 뿐, 통
일된 표준어라는 국어는 없었다.

국가의 군대도 없었다. 군대는 왕이나 영주가 자기의 비용으로

고용한 용병이 그 역할을 담당했다. 처음에는 전쟁이 기사들의 담당이었다. 기사들은 평시에는 집에서 놀고 있다가, 일단, 동원령이 내려지면, 자기의 비용으로 군비를 장착하고 나와, 전투에 나서고, 사후에 적당한 보상을 받곤 했지만, 나중에는 사실상 동원이 어려워졌기 때문이다. 그러나 용병으로는 전쟁수행에 난점이 많았다.

용병은 왕과 계약한 용병대장의 재산이었다. 용병대장들은 자기의 재산인 용병들의 손상을 우려하여 전투하는 시늉만 낼 뿐, 진지하게 전쟁에 임하지는 않았다. 전쟁이 전혀 없어진다면 용병의 필요성도 없어지고, 실직할 수밖에 없으므로, 용병끼리는 늘 으르렁거려 가며 전쟁의 소지는 남겨 두어야 했다. 왕들은 점차 용병들을 불신하게 되고, 용병 대신 농민들을 전쟁에 동원하는 방법을 연구하게 되었다. 때마침, 소총과 대포의 보급이 일반화하여, 전쟁은 전문으로 전쟁을 하는 집단인 기사나 용병이 아니라도 간단한 훈련만으로 농민이 담당해도 아무 지장이 없다는 사실이 입증되기 시작했다.

이리하여, 농민을 전쟁에 동원할 수 있는 국민국가, 농민이 군대식 구령을 이해할 수 있게 만드는 국민교육, 국어교육, 의무교육이 시작되고, 일정한 국경 안의 인민을 국민으로 간주하여 강제적으로 국가의 명령에 복종하게 만드는 주권국가의 이론이 발달하게 된 것이다. 징병제, 국민개병제(國民皆兵制)의 시작이었다.

국민국가는 예상 밖의 성공을 거두었다. 맨 먼저 국민국가로 이행한 프랑스는 막강한 육군대국이 되었다. 나폴레옹 군대는 가는 곳마다 무적군대였다. 군소영주국가에 머물러있던 독일, 이탈리아 등은 그의 적이 아니었다. 나폴레옹은 어느 시대 사람이냐, 미국이 독립을 선언하고, 그것에 영향을 받아 프랑스혁명이 일어나고, 프랑스혁명의 역작용으로 혼란을 겪게 된 프랑스에 등장하여, 드디어는 자신을 황제로 자처하고 나선 인물이 아닌가.

그러므로 국가, 국민국가의 역사는 불과 230여년 밖에 안 되는 최신 개념이다. 각국이 국민국가로 옮겨가고, 막강한 군대를 보유하게 되고, 이리하여 19세기, 20세기는 전쟁의 세기가 되고 만다. 제1차 세계대전이 일어나고, 제2차 세계대전으로 이어지고, 이들 전쟁에는 대서양 건너 미국이 참여하게 되고, 전쟁, 식민지 확보전쟁은 아프리카와 멀리 아시아로까지 번져갔다.

제2차 세계대전이 끝난 후에도 전쟁은 멈추지 않았다. 6·25전쟁이 그것이다. 이 전쟁은, 지금은 '우리 민족끼리'를 부르짖는, 김일성 김정일 집단이, 소련의 허가와 지원을 약속받고, 한반도에서 일으킨 전쟁이지만, 그 여파는 동서 양대 진영으로 확대되어 그 피해는 너무나 컸다. 그럼에도 불구하고, 이 전쟁을 일으킨 북은 망하고, 반면 무방비상태로 일을 당했던, 우리는 그로부터 불과 수십 년 만에 이만큼이나 크게 발전한 것은 하나의 기적이다.

이런 심각하고, 긴 역사 이야기 중간에, 잠깐 쉴 겸 우스갯소리 한 가지를 말한다면, 다음과 같은 것이 있다. 6·25 때 어떤 사병이 순찰을 돌다가, 아군 초소 앞을 지나가게 되었는데, 보초로부터 '누구야!' 하는 수하를 당하자, 그날 암호인 '비누'가 얼른 생각이 안나, 머뭇거리다가 '사분! ! !' 했더니, 적군으로 오인한 보초로부터 사격을 받아, 그 자리에서 죽고 말았다는 것이다. 죽어가면서 그 사병은 말했다는 것이다. '자식, 비누나 사분이나……' '사분'은 지금도 일부에서 쓰여지고 있는 '비누'라는 말이다. 국어교육은 무엇보다도 군대를 위해 필요한 교육이었다.

국민국가는, 아무런 중간장치 없이, 왕이 직접 국민을 통치하는 나라이다. 왕이 직접 국민에게 조세권을 행사하고, 병역의무 등을 부과한다. 주권이라는 이름으로 국민에게 강제력을 행사한다. 왕은 이제는 자기의 재산으로 군대를 유지하는 부담 없이 군사력을 보유할 수 있다. 막강해질 수밖에 없다.

여기서 약간 주목해야 할 일이 있다. 주권, 권력의 의미이다. 권력은 한마디로, 폭력을 행사할 권리를 말한다. 큰 저항에는 큰 폭력을, 작은 저항에는 작은 폭력을 선택적으로 사용한다. 작은 저항에는 주로 경찰력을 동원하지만, 큰 저항에는 군대를 동원한다. 경찰력의 동원에는 이른바 '경찰비례의 법칙'이라는 것이 적용된다. 비례의 법칙이란 저항의 정도에 비례한 폭력, 강제력의 행사에 그쳐야 한다는 내용이다. 저항을 그만두겠다는 데도, 정도 이상의 강제력이나 폭력을 쓴다는 것은 위법이라는 것이다. 그러나 군대에는 비례의 법칙이 없다. 정해진 시간 안에 지목된 저항을 진압하라는 명령을 받았다 하면, 설령 그것이 상당히 과도한 폭력의 행사라 하더라도 용인된다. 이것은 전제군주의 나라뿐 아니라 민주국가, 대통령제 국가라고 해도 차이가 없다. 이것을 모르고, 경찰과 군대를 동일시하는 언설이 있다면, 이것은 주권의 의미, 권력의 본질을 모르는 비평이라 하겠다.

'유토피아를 건설하겠다'는 거창한 국가목표를 내걸었던 공산주의자들은 당초에는 국가의 존재를 부인했다. 유토피아에는 착취도 없고, 따라서 착취를 뒷받침하기 위해서나 존재하던 국가도 필요 없다는 것이었다. 그러나 곧 이 이론은 철회되었다. 공산국가는 아직도 유토피아라는 목표에 도달하지 못하였고, 공산국가는 여전히 이 체제의 파괴를 기도하는 자본주의, 제국주의 국가들에게 포위되어 있으므로, '당분간은' 독재국가체제가 존속해야 한다는 이론이었다. 그러나, 이 '당분간의' '과도기적' 체제는 그들 체제의 붕괴까지 유지되었었다.

'민족'이라는 개념은 국가라는 개념보다는 훨씬 뒤에 생긴 개념이다. 물론 민족이라는 말은 그 전에도 있었다. 그러나 이것이 국제사회에서 의미 있는 용어가 된 것은 극히 최근이라는 얘기이다. 우리의 역사서적에도 백의민족, 배달민족 등의 말이 나오지만 그것은 매우 막연한 개념이다. 백의민족, 백의민족 하지만, 간디도 늘 흰 옷을 입고 있었고, 현재의 아랍 사람들도 흰 옷을 즐겨 입는다. 그렇다면 인도 사람들도, 아랍 사람들도 백의민족인가. 서양의 역사에도 '게르만민족의 대이동', '유대민족의 출애

급’이라는 대목이 나오지만, 게르만민족, 유대민족이란 과연 어떤 민족인가, 지극히 모호하다.

그러다가, 민족이란 표현이 각광을 받게 된 것은 제1차 세계대전이 끝나고부터이다. 1천만명의 사상자가 있었다는 최대 비극이 다시는 되풀이 되어서는 안 되겠다는 문제의식 아래 ‘국제연맹(League of Nations)’의 창설이 논의되고, 동시에 ‘민족자결주의(principle of national self-determination)’라는 말이 등장하였다. 이것은 미국의 대통령이던 윌슨 등이 어떤 나라에 강제로 편입된 민족이라도 자기의 정부를 가질 권리가 있다고 주장한데서 이 논의는 시작되었다.

이 말에 자극되어, 조선에서도 3·1독립운동이 일어나고, 세계 도처에서 민중봉기가 일어났다. 그러더니 민족자결주의는 식민지를 보유하고 있어야 했던 강대국들의 이해관계 때문에 유야무야로 사라지고, 국제연맹도 흐지부지 없어지고 말았다.

지금 중국이 한민족(漢民族)의 나라라지만, 그 한민족은 단일민족인가. 이렇게 모호한 개념인 ‘민족’을 지상명제인 것처럼 내세워 ‘우리 민족끼리’ 주의를 주장하며, 이 이상 가는 가치는 없는 듯이 주장하는 것이 과연 현실적인 주장인가. 이것은 아무리 생각해도 비현실적이며, 어떤 특정적인 목적을 감춘 정략적 발상이다. 북이 진정으로 우리 민족끼리 주의를 신봉한다면, 6·25전쟁은 왜 일으켰으며, 그들이 지금도 금과옥조로 내세우는 주체사상은 포기하였는가. 강제수용소에 가두어놓고 있는 사람들은 우리 민족이 아니라서 가두어놓고 있는가, 대답하여야 할 것이다.

또한, 다민족국가는 잘못된 국가인가, 묻고 싶다.

또 요새 거리에 나가보면, 자동차 번호판에서 지역 표시가 사라진 것을 보게 된다. 어느 도시의 차인지도 모르게 암호 같은 숫자만 나열되어 있다. 이것은 아마도 지역감정 해소정책의 일환인 것 같기도 한데, 이런다고 지역감정 해소가 이루어지는가. 부모를 숨기고, 출신지역을 감추고, 출신학교와 사는 동네를 감추고, 온 국민을 뜨내기, 부랑자, 주소불명자로 만드는 것이 '책임 있는 시민정신', 애국정신을 함양하는 길인가. 또 앞으로 남북통일이 되었다고 할 때도 이런 묘한 정책이 계속될 수 있는가, 그러고도 행정이 제대로 이루어질 것 같은가, 묻고 싶다.

일본은 몇 십 년 전까지도 문패에 자기의 출신지역을 명시하였다. '대판인(大阪人) 아무개', '복강인(福岡人) 아무개' 하는 식으로. 일본은 지금도 고향을 물을 때 '나라가 어디냐'고 묻는다. 이때 나라는 출신고향이다. 그들은 지금도 고향을 중시하고, 사투리를 보존하려고 노력한다. 이런 봉건시대적 문화가 있었기 때문에, 그들이 서양의 문물을 수입할 때 아무런 저항이 없었다. 그것이 비약적인 서양화, 근대화를 이룰 수 있는 원동력이 되었고 그 결과, 재빨리 선진국 대열에 올라설 수 있었다. 반면, 중국이나 조선은 그러한 바탕이 없었거나 약했기 때문에 서양화가 뒤떨어졌던 것이다.

미국 사람들도 자기의 출신고향을 자랑한다. 뉴욕 출신이면

‘뉴요커어(New Yorker)’, 보스턴 출신이면 ‘보스토니언(Bosto-nian)’이라 하지 않는가. 뉴욕과 보스턴의 프로야구팀이 강한 것은 그들에게 이런 애향심이 있기 때문이다.

황혼에 접어든 독립주권국가

전항에서, 나는 19세기, 20세기는 전쟁의 세기라고 지적했지만, 이 전쟁의 세기는 인류 최초의 '대이동'의 세기, 서양적 문화의 급속한 확장의 시대이기도 했다. 그 이전에는 사람들이 자기가 태어난 좁은 고장을 벗어날 엄두를 내지 못하였고, 엄두를 내었다 하더라도, 이동할 방법을 알지 못하였다. 이동할 수단도 없었거니와 이동할 비용을 부담할 능력도 없었다.

그러던 것이 군대에 동원되면서, 이 문제들은 자동적으로 해소되었다. 전선을 따라 이동하면서 낯선 고장, 낯선 나라들을 알게 되었고, 가는 곳마다 그곳에는 이국적인 사람들, 이색적인 문화들이 있다는 것을 알 게 되었다. 이것은 한마디로 경이의 세계의 발견이었다. 여자라면 이웃마을 갑순이 밖에 모르던 젊은이들이 노랑머리, 빨강머리, 갈색머리의 이국적인 여성들이 있다는 사실을 알게 되었고, 예수님, 마리아님 밖에 모르던 사람들이 기독교가 아닌 신앙과 사상과 가치관이 있다는 사실도 알게 되었다.

그 전에도 서양 사람들 가운데는 유럽 아닌 세계를 경험한 사람들이 있었다. 그러나 그것은 극소수의 모험적인 무역상, 선교사 집단들에 국한되었다. 이른바 '대항해의 시대' 이래로 많은 사람들이 외부세계로 진출하여 외부세계와 접촉하였지만, 그들은 각각 특수한 사명을 띠고 나가 우월적인 입장에서, 현지인을 대하던, 이른바 '엔코미엔다(Encomienda)'적 인간이었지, 현지인들을 같은 인간으로 이해하려던, 이들 군인들과는 출발점이 달랐다. '엔코미엔다'란 스페인이 주로 아메리카 식민지에서 현지인과 영토를 관리하던 제도였다. 국왕은 그의 충실한 부하에게 일정한 영토과 원주민을 배당해주고, 기독교로의 개종과 강제노동을 허용한, 일종의 총독제도이다. 이것은 15세기 초부터 시작되어 18세기까지 존속했다.

그러므로, 식민지에서 서양 사람들은 항상 도도해야 하며, 현지인에게 물건을 줄 때도 땅바닥에 던져 주어야지, 손에서 손으로 주고받아서는 안 되게 되어 있었다.

그러나 세상은 변해갔다. 식민지에서도 서양의 논리와 철학을 이해하는 사람들이 늘어갔고, 서양 사람들 가운데서도 식민지적, 아시아적 논리와 철학을 이해하는 사람들이 늘어갔다. 이런 가운데 대부대의 군인들이 외부세계를 접촉할 수 있는 시대가 되니, 피차간에 차이가 크게 압축되어 갔다. 신세계, 식민지에서 이런 사태가 생길 지경이니, 같은 백인이고 같은 기독교신자인 유럽 각국 사람끼리는 더 말할 필요도 없을 정도로 거리가 가까워졌다.

이리하여, 같은 유럽 사람끼리 전쟁을 되풀이할 필요가 있느냐, 같은 백인끼리, 같은 기독교인끼리 싸우고 죽이고 할 필요가 있느냐, 해서 국제연맹의 구상이 떠오르고, 이것은 유럽이 장차 하나의 국가로 통합되어 나가야 하다는 방향으로까지 발전된다. 유럽의 여러 나라들은 보통 5~6개 이상의 나라들과 국경을 접하고 있다. 이런 나라들이 각각 군비를 갖추고, 군사력을 강화하고, 제 나라의 주권을 지킨다 하여 전쟁을 계속한다는 것은 무모한 일이라는 것이다. 그러나 이런 논의는 쉽사리 각국의 동의를 받을 수는 없었다.

그러다가, 제2차 세계대전을 겪게 되고, 유엔이 생기고, 그 한참 후에야, EU라는 형태로 열매를 맺은 것은 우리가 다 알고 있는 일이다. EU는 '구주연합'이라고 번역되지만, 나는 유럽을 '구라파' 또는 '구주'라고 번역하는데 저항을 느끼기 때문에, 그런 말을 쓰기를 주저한다. '유럽'은 '歐羅巴' 또는 '歐洲'라는 한자어 번역을 차용한 것이고, 한자 '歐'는 중국어 또는 일본어로 발음하면, '우' 또는 '오'가 되어, Europe, Europa와 발음이 비슷해지지만, 우리말로 발음하면 '구'가 되어, '유' 또는 '오'와는 얼토당토않은 것이 된다.

어찌됐건 서양, 유럽에서 '유럽연합'이 생긴 것은 세계사적으로 중대한 의미를 가지는 획기적인 사태이다. 그들은 한때 독립국가, 주권국가를 내세우며 각자 부국강병을 지향하였지만, 독립주권국가 유지를 위한 노력으로 얻어지는 피해가 너무나 크다는 것을 깨닫고, 이제는 주권을 스스로 포기하고, 독립보다는 서로 의지하고, 협조하는 큰 나라, '유럽'이라는 새 나라를 건설하려 하고 있는 것이다. 이미 자국의 통화를 폐지하고, 유럽연합의 단일통화, '유로'를 사용하고 있으며, 멀지 않은 장래에 한 사람의 대통령 밑에 결집하는, 하나의 나라가 되려 하고 있다.

단일통화를 쓰기 전부터, 이미 국경은 철폐되고, 회원국 상호간에는 사람도, 돈도, 물건도, 자유롭게 오고가도록 하고 있었다. 그러므로 독립주권국가 시절에나 통용되던 '내정간섭'이라는 용어는 없어진지 오래다. 돈을 같이 쓰는 판에, 무슨 내정간섭이란 말이 유용할 수 있겠는가. 돈을 같이 쓰려면, 나라의 경제사정에 숨겨놓은 일이 없어야 한다. 우리나라의 화폐단위는 이웃나라 화폐의 얼마에 해당된다는 것을 명백히 해야 한다. 있는 그대로를 털어 내놓아야 한다. 다 털어 내놓은 판에 무슨 내정간섭이 있겠는가. 돈에 관한 한 부모자식 간에도, 부부간에도 다 비밀이 있기 마련이 아니던가.

유럽연합이 생기기 훨씬 전부터 이미 독립주권국가는 없어질 운명에 처하고 있었다. 자국민 위에 군림하며 독재정치를 하든, 인민의 인권을 탄압하든, 타국이 간섭할 일이 아니며, 그것은 '내정문제'라는 것이 그 옛날의 생각이었다. 노동자들을 억압하여 저임금으로 싼 물건을 만들어 외국에 싼 값에 수출하든, 공장에서 매연을 많이 내뿜어 공해를 일으키든 말든, 강물이나 바다에 오염된 물질을 버려 이웃나라에 피해를 미치게 하든 말든, 그것은 이웃나라가 간섭해서는 안 되는 내정문제였다. 그러나 이런 논리는 이제 통용되지 않는 세상이 되었다. 핵폭탄을 만들든 말든 그것은 내정문제였다. 그러나 지금은 과연 그런 시대인가. 이웃나라가 만들지 말라 하면 만들지 말아야지, 내정간섭이요, 주권침해라고 우기고 나가면, 그 나라는 고립되고, 국제제재를 받게 되어 드디어는 망하게 된다.

우리 민족끼리는 잘 이해하고 나가자 해도, 우리 민족끼리 뭉쳐서 될 일이 있고, 안 될 일이 있다. 자칫하면 민족이 다 죽는 꼴을 당하게 된다. 지금은 나라의 문을 걸어 잠그고, '우리 민족끼리'를 외쳐가지고는 살아갈 수 없는, 글로벌의 시대, 세계화의 시대가 되어 있지 아니한가. 독립주권국가시대는 이미 황혼기에 접어들었다.

이 모든 변화가 긴 인류의 역사에 비추어서는 거의 깜짝할 순간에 이루어졌다. 역사는 흐르고 강산은 변했다. 어제의 지식인은 오늘의 무식인으로 변해가고 있다. 어제의 진보는 오늘의 보수가 되고 있다. 공산주의국가에서도 공산주의이념을 계속해서 지켜나가야 한다고 말한다면, 그 사람은 공산주의체제, 구(舊)체제를 지키자는 보수파가 되고, 공산주의를 버리고 자본주의, 시장경제로 나가자고 말하는 사람은 진보주의자, 개혁파가 된다.

지금은 '진보'와 '보수'가 숨 막히게 반전에 반전을 거듭하는 추리극 같은 시대, 변화의 시대이다.

한때 전 세계를 집어 삼킬 듯이 맹위를 떨치던 공산주의는 지금 어디로 갔는가. 게르만민족의 우월성을 강조하며 등장했던 나치즘은 우리 민족끼리 주의가 아니었던가. 중국이 이른바 '사회주의 시장경제'를 내세워 매년 10% 이상의 경제성장을 이루고 있는 것은 그들이 공산주의를 고수하고 있으면서 이룬 성과이냐. 이것을 모르고 있는 것은 북한뿐이거나, 대한민국 안에 있는 친북, 종북, 좌파세력들뿐이다.

대중문화, 대중사회

20세기는 전쟁의 시대였지만, 이 시대는 또 다른 획기적 변화의 시대였다. 그것은 '대중문화', '대중사회'의 시대였다. '대중'은 'mass'의 번역이다. '매스 커뮤니케이션(mass communication)', '매스 미디어(mass media)'는 일반적으로 익숙한 용어가 되어 있지만, '대중문화(mass culture)', '대중사회(mass society)'라는 개념은 아직도 아릿아릿하다.

이것을 보다 선명히 하기 위해서는 잠시 역사여행을 해보는 것이 좋을 것 같다. 그것도, 그리 멀리 갈 것도 없이, 나폴레옹의 시대까지만 가보면 좋을 것 같다. 나폴레옹의 시대는 불과 2백 30~40년 전이다. 이때 유럽에서는 베토벤, 슈베르트 등 천재 음악가들이 우후죽순처럼 많이 탄생했다. 그 당시 우리가 그들의 음악을 들으려 했다면, 부득불 독일이나 오스트리아를 찾아가는 수밖에 없었을 것이다. 렘브란트의 그림을 보려했다면, 화란으로 찾아갈 수밖에 없었다.

그러나 지금은 그럴 필요가 없다. 언제든지, 어디서든지, 이런

고급문화의 감상이 가능하다. 그것은 서양 과학기술의 발달이 가져온 정교한 대량 복사기술 보급의 덕택이다. 원래는 음악이나 미술 감상은 귀족들에게나 허용된 특권이었다. 그러나 어느새 이것은 귀족들의 범위를 훌쩍 뛰어 넘어 일반 대중에게도 허용되는 일상적인 평범한 생활문화가 되었다.

더군다나, 라디오와 텔레비전의 보급, 인쇄술의 발달은 이 가능성을 한껏 확대시켰다. 비싼 음반을 사서 플레이어에 얹어 놓고 조심스레 기계를 움직이지 않아도, 라디오의 스위치를 켜놓기만 하면, 선곡도 방송국에서 해주고, 음질도 최고급으로 보장해 준다. 게다가 라디오, TV는 시청료도 사실상 공짜이다. 이 얼마나 신기한 시대인가.

생활용품도 대량생산이 가능해져서, 필요한 물건을 싼 가격으로 얼마든지 골라잡을 수가 있게 되었다. 인류가 꿈에도 그리던 이상사회, 천당, 극락이 사후에나 도달할 수 있는 세계가 아니라, 지금 현세가 바로 천당이요, 극락인 시대가 도래하였다.

이런 새 시대를 앞당긴 데는 미국의 자동차왕 헨리 포드 (Henry Ford, 1863~1947)의 공로가 컸다. 미국 자동차로 '포드 (Ford)'라는 이름은 아직도 건재하지만, 창업자 포드는 '어셈블리라인(assembly-line)'방식이라는 공업방식을 창안하여, 이를 자신의 공장에 적용하였다. 복잡한 자동차공정을 세분하여, 직공들은 숙련된 사람들이 아니라도 자동차 제조에 참여할 수 있게 만들었다. 조립라인에 미숙련 노동자들을 한 줄로 세워놓고, 자기 앞을 지나가는 차대에 일정한 부품을 올려놓는 단순노동만 하도록 함으로서, 조립라인 맨 끝에 가면, 어느새 완성차가 나오게 하였다. 그는 단순노동자들의 임금도 크게 올렸다. 그들에게도 자기 공장에서 만든 자동차를 구입할 수 있게 해야 자동차가 더 많이 팔릴 수 있다고 생각했던 것이다. 한편으로, 노동자들에게 사내교육을 통하여 영어교육, 미국생활 적응교육을 실시하여, 대부분이 영어도 잘 못하는 이민자들인 노동자들의 미국화를 촉진시키고, 이른바 '아메리칸드림(American Dream)'이라는 꿈을 조기에 달성할 수 있도록 도왔다.

포드의 '어셈블리라인'방식은 모든 분야의 생산공장에 급속히 확산되어 저가격, 대량생산의 미국식 생산방식으로 정착되어 나갔다.

그러나, 유럽에서는 이러한 생산방식은 없었다. 물건을 제조한다는 것은 고도로 숙련되고, 장기간의 수련을 거친 '마이스터(Meister)'들에게나 허용되는 명인기(名人技)여야 했다. '마이스터'란 '장인(匠人)'이라 할 수 있고, 이들 장인들은 '길드(Guild)'라는 동업조합을 만들어 신참자의 참여를 최대한 억제함으로서 자기네의 이익을 독점하려 하였다. 그러므로, 유럽에서는 주문생산이나 가능할 뿐, 대중을 상대로 하는 '포드'방식은 발붙일 수가 없었던 것이다.

어쨌거나 포드방식이 미국을 바꾸었고, 시대를 바꾸고, 세상을 바꾸었다.

그러면, 이러한 시대를 만난 일반시민, 일반대중들은 어떻게 변하게 되었겠는가. 별다른 자기의 노력 없이, 일거에 상류사회, 소비사회에 뛰어 들게 된, 그들은 아무에게도 굽신거릴 필요가 없는 상류사회 그 자체가 되어갔다.

　원래, 민주주의란 일반시민이 지도자를 고르는 선거에는 참여하지만, 그들이 직접 나서서 정치를 좌지우지해야 한다고 까지는 생각하지 않던 제도였다. 특별한 사명감과 자질을 갖춘 지도자 중에서 적임자를 골라내어, 일반시민은 그의 지도에 복종하며, 계속해서 자기의 생업에 전념한다는 전제하에 이루어진 제도였다. 정치란 생업에 매달려야 하는 일반인의 힘만으로는 해결할 수 없는 당면문제들을 전문가인 정치지도자에게 맡겨 해결하겠다는 취지로 발달된 제도였다. 그러므로 범용한 일반인들은 돈이 있는 사람은 돈을 갹출렴하고, 아이디어가 있는 사람은 아이디어를 내고, 시간이 있는 사람은 시간을 내어, 지도자를 도와야 하는 것으로 되어 있었다. 마치, 목사의 훌륭한 설교를 듣기 위해 교회에 헌금을 하고, 설교자료를 제공하고, 자원봉사로 시간을 내어야 좋은 교회를 만들어 갈 수 있듯이…… 그러던 것이 헌금을 한 사람이 자기의 정치헌금의 의미를 과도히 평가해서, 내가 직접 정치를 하는 것이 더 효과적이다 라고 생각한다면, 그것은 문제가 있는 발상이다. 돈 잘 버는 사람이 바로 정치 잘하는 사람이라고 할 수가 있겠는가. 우리는 이른바 재벌 총수가 직접 대통령 후보로 나섰다가 낙선되는 것을 보기도 했다.

　서울대학교에 학생으로 입학하는 것도 대단히 어려운 일인데,

하물며 그 서울대학교의 교수, 총장 전력자가 대통령선거에 나서
는 것은 너무나 당연하다고 생각하는 사람도 있었다. 그러나 학
교의 우등생이 사회의 우등생이냐. 그 어렵다는 사법관시험에도
합격한 사람인데 당연히 대통령 자격이 있다고 나서는 사람도 있
다. 그러나 사법관은 주로 지나간 과거에 일어난 사건의 시비를
가리는 사람이다. 과거를 단죄한다는 것은 쉬운 일이다. 그러나
미래를 예견하고, 대책을 수립하고, 이를 실천한다는 일은 지난
한 일이다.

더군다나, 범용하다는 자체가 순수성의 결정인 것처럼 착각하
여, 범용성을 정치지도자의 천부적 자질인 것처럼 오인하고 있는
사람이 많게 되는 것은 심히 우려할 사태이다. 지금의 정치지도
자들은 때 묻은 사람이고, 나는 깨끗한 사람이니, 내가 더 적격
이라는 생각을 가질 수도 있겠지만, 그렇다면 정치지도자는 언제
나 아마추어라야 한다는 말인가. 그러나, 실지로 정치에는 프로
라도 감당하기 어려운 문제들이 언제나 많다는 것이 현실이다.
이리하여 대중사회의 정치는 난장판이 된다. '별것이 다 대통령
을 하려 한다……'이다. 안 나서야 할 사람, 나서지 말아야 할
사람이 다 나서서 혼란을 부추긴다.

정치에만 문제가 있는 것이 아니다. 사람들의 인성에도 중대한
혼란을 야기시켰다. 사람들은 그 전보다는 훨씬 더 잘 살고 있지
만, 늘 이웃과 비교하여 자기가 못 살고 있다는 상대적 빈곤감에
시달리게 된다. 오늘 좋은 물건을 샀다 해도, 날이 새면 더 싸

고, 더 좋은 물건이 자꾸만 나오기 때문에, 사람들은 결국 신용 카드 결재가 불가능한 빚쟁이가 된다. 이리하여 사람들은 자꾸만 가난해지고 불안해진다.

여성들은 그 전에 비해서는 상당히 나이가 들어 결혼하고, 아기를 출산하지만, 살림살이, 육아에 관한 지식은 거의 전무한 상태에서 결혼생활에 들어간다. 그전 같으면, 한집에 사는 어머니에게 물어보면 당장 해결될 일인 데도, 핵가족화가 진행되어 가까이에는 물어볼 부모도 없다. 이웃과는 왕래도 없다.

거리에 나서면, 금방 사람들의 물결에 휩쓸리지만, 그들은 언제나 고독하다. 〈론리 크라우드(Lonely Crowd, 데이빗 리스만)〉란 책이 있지만, 사람들은 언제, 어디를 가나, 외로운 고독자들이다. '론리 크라우드'는 '군중속의 고독' 또는 '고독한 군중' 이라고 번역되었지만, 이 말처럼 현대사회를 상징적으로 표현한 말은 달리 없는 것 같다. 'mass'는 'crowd'라고 해야, 더 어울린다. 왜냐 하면 '매스'는 겉으로 보기에는 큰 덩어리처럼 보이지만, 그들 상호간에는 아무런 연결도, 통합도 없는 '군중' 그것이기 때문이다. 근래 우리나라에도 자살하는 사람이 늘어나는 것은 이러한 심리상태의 반영이다.

대중사회의 특징은 가치상실, 목표상실, 고향상실이다. 존경하는 사람도, 의지하는 가치도, 신앙도 다 없어지고, 다만, 믿을 수 있는 것은 자기가 가진 돈과 건강뿐이라는 상태가 되어 가고, 돈만 있으면 안 될 것이 없다는 황금만능주의에 매달리지만, 돈은 돌고 도는 것이지 언제까지나 자기에게 머물러 있는 것이 아니다. 건강도 가변적이다. 오늘 멀쩡하게 건강하던 사람이 내일은 황천행이다.

이러한 정신적인 공황상태를 벗어나기 위해 사람들은 흔히 '마음을 비워야 한다'고 말한다. 사교에 매달린다. 그러나 과연 사람의 마음은 비워질 수 있는 것이냐. 우리의 마음은 우리 당대에 만들어진 것이냐. 며칠, 몇 달의 참선이나 수행으로 비워질 수 있는 것이냐. 능히 비워질 수 있다고 믿는 사람이 있다면, 그 사람은 지극히 단순하고 행복한 사람이라고 나는 생각한다.

그러면, 우리는 언제부터 이런 대중사회에 들어가게 되었는가. 그것은 한때 유행처럼 거론되던 이른바 '386세대'의 등장과 무관하지 않다고 나는 생각한다.

나는 '386' 이 무엇을 의미하는지 아직도 잘 모른다. 그러나 듣건데, '3'은 그들의 연령이 '30대'라는 것이었고, '8' 은 그들이 대학에 다니던 시기가 '80년대' 여서 대학의 학번이 '80'으로 시작되었다는 것, 그리고 '6' 은 이들의 태어난 시기가 '60년대'라는 데 유래한다는 것이다. 그러므로 '3' 과 '6' 은 같은 뜻이 될 것이고, 결국 대학 학번이 '80'인 것만이 유일한 의미가 될 것 같다.

우연한 일이지만, 내가 뒤늦게 대학교수가 된 것이 1980년대였으므로, 그 당시의 대학 분위기에 관해서는 약간 견문이 있다. 내가 대학에 가보니 그곳은 별천지였다. 건물마다 벌겋고, 시커먼 천에 만장(輓章)처럼 희한한 좌익적 구호가 걸리고, 총장실은 수시로 점거되고, 강의실과 화장실은 온통 쓰레기통이었다. 온갖 도깨비들이 난무하는 무법천지였다. 나는 수업에 들어가면, 잠시 침묵을 지키며, 학생들의 잡담이 멎는 것을 기다렸다가 '모두들 자리에서 일어서시오'라고 명령했다. 그러고는 '다들 자기 책상 밑에 굴러다니는 쓰레기를 주우시오. 주웠거든 들고나가, 복도에 있는 휴지통에 버리고 들어오시오' 했다. 그러고는 '누가 들여다보더라도 이대로는 수업 분위기가 안 되니, 책상을 가지런히 줄을 맞춥시다.' 했다.

수업에 들어가기도 전에, 나는 새벽 6시면 연구실에 도착했다. 제일 먼저 시작한 일은, 교수용 주차장과 현관 안팎을, 비닐봉지를 들고 돌면서, 담배꽁초와 휴지들을 주워 담았다. 화장실에 들어가, 맨손으로 소변 통에 버려진 꽁초와 껌과 휴지를 주워내고, 대변기와 바닥에 쌓여있는 온갖 쓰레기를 말끔히 치웠다. 그러고는 연구실에 들어가 비누로 손을 깨끗이 씻고, 혼자서 조반을 먹었다. 그런데, 이때에 대학생이었다는 것이 자랑이라니…… 이때, 컴퓨터가 286이던 것이 386으로 업그레이드되었다고 해서, 그것으로 신세대를 자처하다니…… 다만, 놀라울 뿐이다. 이제 컴퓨터는 386을 훨씬 뛰어넘었다. 그렇다면, 그들도 이제는 구시대적 유물이 되어버렸을 것이다. 그 당시 20대였던 그들은 지금 40대 중반이거나 50대 초반이 되었을 것이다. 나이가 젊다고 참신한 세력이 되고, 그 이상이라고 해서 구세대, 보수 꼴통으로 매도하다니…… 나는 이런 기이한 양상이 우리나라를 크게 왜곡시켰다고 한탄하고 있는 사람이다.

‘mass’의 반대개념은 ‘elite’이다. ‘엘리트’는 보통 ‘선량(選良)’이라고 번역되지만, ‘선량’은 남들에게 뽑혔다는 인상이 있으므로, 나는 ‘선량’이라는 말은 적당치 않다고 생각한다. 그냥 ‘엘리트’라고 부르는 것이 더 적당하다. 엘리트는 혼자서 스스로 노력해서 지도자적 자질을 갖춘 사람이지, 어떤 선거절차를 거쳐 지도자적 유자격자로 선출된 사람은 아니기 때문이다.

그러면, 엘리트는 어떤 사람이냐. 그 출신도 관계없고, 종사하는 직업종류와도 상관이 없다. 자기 스스로가 스스로에게 어떤 사명을 부여하고, 그에 상응한 자격을 가지도록 스스로 노력한 사람들이다. 오르테가는 특히 과학자들도 대중으로 분류했다. 과학자란 원래 분야를 세분한, 어떤 분과의 전문가이지, 전체의 전문가는 아니라는 것이다. 이것은 지극히 타당한 분류이다. 이렇게 보아갈 때, 우리 사회의 각 분야 선두주자는 대부분 대중으로 분류할 수밖에 없게 될 것이다. 높은 학식과 공인된 자격을 갖춘 사람도 대중이 되고, 노동자라도 엘리트가 될 수 있다.

그러므로, 못 가진 것보다는 가지고 있는 것을 고맙게 생각하고, 늘 푼수를 생각하고, 남과는 비교하지 말아야 한다고 생각한다. 건전한 시민정신을 가져야 한다, 민주주의의 출발점으로 되돌아가야 한다고 생각한다. 남의 나라에서는 수십 년 전에 겪은 대중사회의 역기능이 우리나라에서는 뒤늦게 폭발하여, 이들이 정권의 중추에 들어선 것은 크나큰 재난이었다.

국가에도 품격이 있다. 국가의 품격은 그 나라를 대표하는 정치지도자의 언동이 좌우한다. 이 품격에 따라, 그 나라의 국제 신인도가 달라진다. 얼핏 보아, 미국이 황금만능주의의 냉혹한 자본주의의 국가처럼 인식되기 쉽지만, 미국에는 정치지도자뿐 아니라, 사회 다방면으로 탁월한 지도자들이 많다. 세계 최고의 부자라는 마이크로소프트의 빌 게이츠는 자기가 가진 전 재산을 사회봉사재단에 기부한다는 결정을 내렸고, 투자의 귀재라는 워렌 버핏은 '나 같은 부자에게는 상속세를 더 많이 거둬야 한다'고 공언하고, 자기의 유산으로 따로 복지재단을 만들지 않고, 빌 게이츠가 이미 만들어놓은 재단에 기부하고 말겠다고 공표하여, 전 세계에 감동을 주고 있다. 이것이 미국의 품격이요, 매력이다.

우리도 하루빨리, 대중사회의 역기능을 극복하여, 품격 높은 나라, 매력 있는 나라를 만들자, 이것이 본 항의 결론이다.

종교와 언론은 '프로테스탄트 집단'인가

　우리나라에는 크고 작은 교회도 많고, 절도 많고, 옳은 말을 하며, 우리에게 나아갈 길을 제시해준다는 언론기관도 많다. 그러나 그들은 다 제대로 기능하고 있는가. 사람들에게 정신적 안정과 평화를 가져다주고, 시대를 올바로 알려주고, 정치적 안정과 사회적 평화와 경제적 번영을 가져다주는 역할을 제대로 수행하고 있는가. 오히려 끊임없이 갈등과 분열을 부추기고, 불안을 증폭하고, 왜곡된 가치관을 확산시키고 있지나 않은가, 반문해볼 시점에 도달한 것은 아닌지 물어야 할 것 같다.

　언제부터인지, 우리의 종교와 언론은 거대한 '프로테스트탄트(protestant)'의 집단으로 변하고 만 것은 아닌지, 반성해보아야 한다고, 나는 생각한다. '프로테스탄트'라 하면, 종교개혁 이후에 등장한 '개신교'를 지칭하는 것이지만, 내가 여기서 말하는 '프로테스탄트'란 그런 의미가 아니다. '프로테스트(protest)'는 '항의한다', '주장한다', '반대한다'는 뜻이고, '프로테스탄트'는 '항의하는 사람', '주장하는 사람', '반대하는 사람'이라는 뜻이다. 마침, 개신교가 가톨릭교회에 반대하고 나섰다 해서, '신교' '개신교'라는 이름으로 통용되게 된 것이지만, 내가 여기서 말하는 '프로테스탄트'란, 항상 정부에 항의만 하는 사람들을 지칭하는 것이다.

개신교가 주장하고, 반대하니, 가톨릭교회도 반대하고 나서고, 기독교가 반대하고 나서니, 불교도 가만히 있을 수 없다 하여, 걸핏하면, 반대데모를 하고 나선다. 그렇게 되니, 여타 종교들도, 우리에게도 신도들이 많으니 본때를 보이겠다고, 주장하며, 반대하고 나선다. 마침내, 반대하고 나서지 않으면 종교단체도 아니란 듯이, 저마다 경쟁적으로, 목청을 높이며, 주먹을 쥐고 나선다.

종교단체뿐 아니라 개인도 가만히 있으면 병신이 된다. 하다못해, 자기의 주장을 쓴 판자를 뒷등과 앞가슴에 매달고 나와, 침묵의 1인데모나 단식투쟁이라도 선언하고 나서야 한다. 그렇지 않으면, 바보 천치의 대접을 받을 염려가 있다.

몇 년전에 나는 매우 신기한 광경을 신문, 방송을 통해 보았다. 여당의 현역 중진 국회의원이라는 사람이 무슨 일인지, 단식투쟁에 들어갔다는 것이다. 아니, 여당 중진 국회의원이라면, 자기가 나서서 직접 문제를 해결하면 될 것인데, 일은 누구더러 하라고 단식투쟁이나 하고, 의아했던 것이다. 이것은 아마도 우리 헌정사상 초유의 사건이었을 것이다.

떠들고 나서기만 하면 문제는 해결되는 것이냐. 토론만 하면 문제는 다 해결되느냐. 별항에서도 언급한 일이 있지만, 세상은 온통 'NATO(no action, talk only)'의 시대냐. 이것이, 내가 '프로테스탄트의 시대'라고 한탄하는 문제의식이다.

언론도, 사람들이 떠들기만 하면, 카메라를 들고 달려간다. 찍어왔으니, 그림이 된다 하여 크게 보도한다. 그 주장의 옳고, 그름을 판단하고, 선별하는 노력은 포기한지 오래다. 옳고 그름을 판단하는 능력은, 그 분야에 상당기간 종사한 시니어 언론인에게나 있을법한데, 어떤 큰 방송사는, 젊은 기자들의 사기를 죽여서는 안 된다며, 선배기자들에게는 월급은 월급대로 주면서, 이른바 팀제 운영을 핑계로, 뒷방으로 몰아넣어 놀게 하면서, 그러고도 돈이 모자란다고 시청료의 대폭인상을 획책하고 있다. 본대로, 있는 대로, 보도하는 것이 진실보도냐. 필요 없는 사람들이라면 해직시키면 될 것인데, 해직도 못 시키고, 많은 사람들을 놀고먹게 해놓고도, 예산 타령이냐. 이것이 한심한 오늘의 언론현장이다. 만약 이것을 고치려 한다면, 정부와 국민은 며칠간 방송이 못 나가는, 정파(停波)를 각고해야 할 것이다.

종교도, 언론도, 우리 사회의 특권계급이다. 별다른 자질향상의 노력없이, 어느 날 갑자기 그 집단의 일원이 되어, 마이크 앞에 섰으며, 그 마이크에 확성장치가 붙어 있다는 사실만으로 특권계급이 된 사람들이다. 어찌 됐건, 특권을 누리려면 그것으로 사회발전에 상응한 기여를 해야지, 그것으로 자기 종파의 세력 확장이나 소속 언론의 영향력 증대에나 기여하는 것으로 만족해서는 안 된다. 사회적 충격 흡수의 노력을 정부나 대통령에게만 떠넘길 것이 아니라, 상당부분은 스스로가 흡수장치가 되어야 한다. 더군다나, 지금은 대통령이나 정부에게 대들기만 하면 다 해결될 수 있는 시대도 아니다. 만약 대통령과 정부에게 그런 기능 발휘를 과도하게 요구하고 나선다면, 그것은 결국 독재를 부를 소지를 만들게 될 것이다. 독재는 시대의 역행이다.

국민 각자가 스스로 해결사가 되어, 다 같이 문제를 풀어야 한다. 부질없이, 온 국민이 '프로테스탄트'가 되는 것을 그만두어야 한다. 이것은 새 시대를 여는 열쇠가 될 것이다.

교육부는 대학입학부인가

　지금 교육부의 정식명칭은 '교육인적자원부'라고 한다. 그러고는, 그 수장의 직함은 거저 장관이 아니라, '부총리 겸 장관'이라고 한다. 참으로 거창한 이름이다. 그 이름대로라면, 그 업무는 주로 미래를 예측하는 일이 되어야 하며, 앞으로 우리는 어떤 시대에 살게 될 것이라는 전제하에, 어떤 분야에는 사람이 많이 필요하게 되며, 어떤 분야에는 사람이 필요치 않게 될 것이므로 줄여나가야 한다는 식으로, 장기적 안목으로 정책을 수립하는데 두어져야 할 것이다. 그런데도, 그런 노력을 하고 있다는 징후를 찾아보기는 어렵다. 여전히 골몰하고 있는 것은, 대학입시를 어떻게 바꾸어야 할 것인가에 묶여 있는 것 같다. 그 이름이야 어떻게 바뀌었든 상관없이, 그 업무는 여전이 그전 그대로이다.

　최근 몇 대를 이어온 우리 대통령들은 제대로 대학을 다녀본 일도 없는 사람들이었다. 그들은 민주화라든지, 남북의 평화적 통일이라든지 하는, 이른바 '통 큰' 정치, 대중을 동원하는 포퓰

리즘 정치에 열중한 사람들이므로, 교육과 같은, 정밀하고, 미세
한 주의를 기울여야 하는 정치는, 지극히 소소한 정치로 여겼을
법도 하다. 그러니, 실무가들의 집단인 교육부가 그 이름에 걸
맞는 전향적 정책수립에 착수할 수는 없었을 것이다. 더군다나,
그들 앞에는 전교조라는 거대한 세력들이 장벽을 이루고 있으므
로 그저 만만한 대입제도에나 매달리며, 일을 하는 척이라도 하
고 있을 수밖에 없었는지도 모를 일이다.

　이러는 동안, 우리의 교육은 날로 황폐해져갔다. 조기유학이
판을 치고, 기러기아빠가 도처에 생기고, 이것이 우리의 생계를
압박하고, 우리의 가정을 파괴하게 되었다. 이런 사정은 도외시
하고, 교육부는 '대학입학부'로 전락하고 말았다.

　나는 KBS사장 재직시에, 이른바, '교육개혁심의회' 위원으로
불려가 있은 일도 있었다. 그때도 교육개혁심의회라 해서 무슨
큰일을 도모하는가 했더니, 안건은 대학입시를 어떻게 바꿀 것인
가 였다. 그런 것이라면, 사범대학을 졸업한 이른바 교육학 전문
가 몇 명 만 모여도 능히 해결될 수 있을 것 같은데, 뭣 하러 이
런 심의회를 만드는가, 의아했었다. 이런 느낌은 나만 가졌던 것
이 아니었다. 어떤 심의위원은 나에게 속삭였다. '이 위원회에서
진실로 논의해야 할 안건은 교육개혁이 아니라, 문교부 개혁이
아니겠습니까……' 나는 전적으로 동감이었다.

　나중에 나는 대학교수가 되고, 대학총장이 되었다. 그리하여
크게 깨달았다. 문교부가 얼마나 막강한 기관인가를…… 학교재

단은 교수와 총장에게는 막강한 권위였지만, 문교부 앞에서는 고양이 앞의 쥐 꼴이었다. 사무관만 나타났다고 해도 벌벌 기었다. 그들은 대학의 생살여탈권을 쥐고 있었다. 그때는 문교부가, 대학의 증원, 증과(增科) 허가권과, 그 대학이 교수의 법정인원을 채우고 있는가, 없는가를, 검사할 권한을 가지고 있었다. 대학에 지급하는 정부보조금을 책정하는 권력을 쥐고 있었다. 그러니 대학은 그들에게 꼼짝할 수가 없었던 것이다.

그러나 시대는 바뀌었고, 지금도, 자꾸만, 바뀌어 가고 있다. 인구가 줄어들어 신입생 입학정원도 못 채우는 세상이 되었다. 대학들은 신입생의 등록을 확실히 유혹하기 위해 경품을 약속하고, 등록금을 깎아주겠다고까지 나서게 되었다. 증원, 증과는커녕 책정된 정원도 못 채우는 세상이 되었으니, 증원, 증과를 신청하는 대학도 없다. 이제는 교육부도 크게 바뀌어야 할 차례이다. 대학에 대한 간섭을 줄여야 할 판에, '업무의 확대'를 전제로한, '부총리 겸 장관'은 의미가 없는 세상이며, 오히려 그 사무를 크게 줄여야 한다. 대학의 문제는 대학의 자율에 맡겨야 한다.

교육의 '에듀케이션(education)'은 라틴어의 '에듀케어(educare)'에서 나왔다. '에듀케어'는 '피교육자의 능력이나 자질을 '이끌어낸다'라는 뜻이다. 능력을 발견하고, 이끌어내는 역할은 부모나 교수가 할 일이지, 교육부가 할 수 있는 일이 아니다. '부총리'라는 헛 감투도 떼고, 교육부의 사무도 크게 축소해 나가야 한다.

정치자금, '어른의 논리'로 접근해야

우리 사회는 연중무휴로 이른바 정치자금, 비자금 타령으로 지새고 있다. 나는 이것처럼 우리의 정신을 좀먹고, 황폐화시키는 일은 달리 없다고 생각한다. 이것이야말로 '대중사회'적 역기능의 극치이다.

먼저, 양심선언을 빙자한 폭로자가 있고, 이에 언론이 달라붙고, 일부 정치세력이 때를 만난 듯이 북을 치고, 검찰이 가담한다. 대중이 벌떼처럼 들끓는다. 그러나, 나중에 보면 결과는 언제나 흐지부지되고 만다. 당사자 중 일부가 구속되고, 재판에 회부되었다고 해도 양형은 가볍고, 끝내는, 집행중지, 사면, 복권되어 아무 일도 없었던 것으로 낙착된다.

나는 '일벌백계', '발본색원'이라는 말을 믿지 않는다. '일벌백계'의 효과도 없었고, 뿌리 채 뽑는다는 '발본색원'도 되는 것을 보지 못하였다. 괜히 떠들기만 했을 뿐이다. 이 동안, 대중의 카타르시스는 다소 해소되었을지 모르지만, 대부분의 선량한 국민의 근로의욕만 떨어뜨리고, 정신만 망가뜨리고, 국가의 국제적

신인도만 손상시켰을 뿐이다. 언제까지 이런 일이 되풀이 되어야 하는가.

정치자금, 비자금 등의 문제는 구름 위에 사는, 일부 특수계층에서나 일어나는 일이지, 우리들 일반국민들과는 아무런 상관이 없는 일이다. 그런데도 불구하고, 마치 큰일이라도 일어난 것처럼, 왜 떠들고 흥분해야 하는 것인가. 떠들고 나서면, 나한테도 분배가 얼마간 되는 일인가. 전혀 관계없는 일이다.

먼저, 최근의 어떤 대기업 비자금 폭로사건을 예로 들어보자. 그 기업의 법률사무 담당자가 7년여에 걸쳐 그 기업의 불법적인 법률사무를 보아주고, 그 보수로 1백여억 원이라는 천문학적 보수를 '성과급'이라는 명목으로 받다가, 그 직장에서 해직되자, 그 보복수단으로 폭로하고 나섰기 때문에 커다란 파문을 일으켰다는 것이다. 변호사라 하면, 먹고 살만한 직업이다. 그러므로, 만일 그 일이 불법적이라는 판단이 서면, 사임하고 나오면 그만이다. 그런데도, 장기간 공범적인 입장을 감수하며, 거액을 받고 일을 해주었다. 그러므로, 이제와서 '양심선언' 운운할 입장이 못된다. 개인의 비밀에 접할 기회가 많은 의사, 변호사에게는 고도의 직업윤리가 요구되는 것인데, 도대체 우리나라 법조계에서는 이런 직업윤리가 언제부터 무용지물이 되었는가. 우리나라가 이 정도로 망가졌는가.

승진이나 전보를 기대하며, 상사에게 거액의 뇌물을 준 고위공무원이 비리로 구속되자, 상사에게 뇌물을 공여한 사실을 폭로하여, 현직상급자도 구속, 수감된 일도 있었다. 폭로하면, 자기의 죄책은 감면되는가. 이것도 우리나라의 공직사회가 막다른 골목까지 간 것을 의미한다. 이것은 공공연한 뇌물거래 자체보다 더 참담한 일이다.

나는 상당히 높은 고위 공직에도 있어 보았다. 그렇다고 해서, 불법적인 정치자금의 수수나 비자금의 조성과 수수에 찬성하는 것은 아니다. 밝혀져야 할 것은 철저히 밝혀져야 한다. 그러나, 대중이 '가계적(家計的)' 계산이나, 윤리로 이런 문제에 접근해서는 안 된다고 생각하고 있다. 정당도, 수사기관도, 언론도, 이런 문제를 '어른의 논리'로 접근해야지, 단세포적인 단순 정의감으로 다루어서는 백해무익이라는 점을 감히, 지적하고자 하는 것이다.

일반인들이 몰라서 그렇지, 만약 큰 기업이 비자금을 준비하고 있지 않다면, 아마도 그 기업은 존립할 수가 없게 될 것이다. 기업에는 이런저런 이유로 협박하러 오는 사람이 너무나 많다. 이들에게는 돈이 약이다. 돈을 주지 않는다면, 심대한 타격을 입거나, 기업자체가 존립하지 못할 사태를 맞이하게 될지도 모른다. 정치자금의 공여도 마찬가지이다. 눈치 없이 정치자금의 공여를 거부한다면, 역시 그 기업의 존립자체가 문제될 순간을 맞이하게 될 것이다. 이것은 경리장부에도 기재할 수 없는 돈이다. 더군다나, 그전에는 철옹성 같던, '국가'라는 기업의 보호막도 사라진지 오래다. 기업은 혼자 힘으로 서야 하는 시대이다.

　나는 한때 지역구 국회의원선거에 출마하라 해서, 반년 가까이 시골에 가있었던 일도 있다. 그때 겪은 일인데, 지역구 사람들은, 대뜸 '돈은 좀 가지고 왔느냐'고 물었다. 만약 돈은 없다고 대답한다면, '그렇다면 왜 왔느냐'고 반문할 태세였다. 공공연히 돈을 요구하는 사람도 많이 만났다. 이것이 우리의 현실이다. 옛날에는 막걸리를 곁들여 음식이나 대접하고, 고무신 선물이나 하면 되었다지만, 우리가 이만큼 잘 살게 된 지금은 그 정도로는 이빨도 안 들어간다.

　선거비용을 선거인 수에 따라 얼마를 쓰라고 규정되어 있지만, 그 돈은 선거운동에 들어가는 첫날, 지구당대회, 하루 비용으로 다 들어가고 만다. 이것이 현실이다. 사람들은 정치를 오래 했으면 축재해놓은 돈도 많을 것으로 생각하기 쉽지만, 안 그런 사람이 대부분이고, 지금은 오히려 차비도 없고, 점심값도 없는 사람이 더 많다.

　나는 민주정의당의 당의장이었던 이재형 선생과는 생전에 친교가 있었다. 이 분은 정치자금과 관련하여 나에게 이렇게 말하였다. '지금 내가 가지고 있는 재산은, 내가 정치를 안 한다면, 평생 먹고, 자손들에게 얼마간씩 물러줄 수도 있는 정도는 된다. 그러나, 이것으로 정치를 하려 한다면 태부족이다'라고. 그러므로, 남의 신세를 안지고 정치를 하는 방법은 없다고 할 것이다. 또, 나를 친 아들처럼 사랑하던 충남 청양 출신의 이상철 선생은 '정치자금은 생선 먹듯이 해야 한다'고 교시한 일이 있다. '정치자금을 받을 때는 먼저 상했는가 여부를 살펴야 하고, 낚시 바늘

이 숨겨져 있는가 없는가를 살펴야 한다'는 것이었다.

　정치자금의 수수는 이렇듯 조심스러운 일이다. 그런데, 일반인의 논리대로 왜 남의 돈을 받느냐, 대가성이 있는 것이 아니냐 한다면, 정치하기를 아예 포기해야 한다. 대통령도 마찬가지이다. 대통령선거에 나서려면 적어도 수천억은 동원할 수 있어야 한다. 이만 한 돈이 안 들어온다면 선거에는 나서나마나이다.
　그럼에도 불구하고, 온 국민이 정치자금 수수나 기업의 비자금 조성을 범죄시한다면, 우리나라의 갈 길은 하나뿐이다. 그것은 자유민주주의도 버리고, 자본주의 시장경제도 포기하고, 독재국가, 공산체제로 가는 길이다. 김정일이, 히틀러가, 스탈린이, 정치자금 때문에 고민했다는 말을 나는 못 들었다. 그렇다면, 과연 독재국가, 공산체제가 국민의 행복을 보장하는 체제인가. 우선, 우수한 인재들은 정치에 나서기를 피할 것이다. 그렇게 된다면, 우리의 정치는 저질 정치꾼들이 판치는 세계가 될 것이다..
　상인들은 이해관계로 연결된 사람이 아니면 믿지 않는다고 한다. 만약 대통령이, 정치인이, 정치자금 받기를 거부한다면, 이를 가지고 갔던 기업인은 그날부터 밤잠을 못 잘 것이다. 이 사람은 언젠가는 나에게 해코지를 하겠다고 결심한 사람이다. 그렇다면 앞으로 내 운명은 어찌 되나…… 하고.
　언론도, 검찰도, 대국적인 견지에서 성숙한 어른의 논리로 이 문제를 다루어 나가야 한다. 언론도, 검찰도, 폭로가 있거나 고발이 있으면, 자동적으로 대서특필하고, 수갑을 들고 나서는, 로

봇적 기계장치여서는 안 된다. 그들에게는 국가이익을 먼저 생각하고, 공익을 대표하는 막중한 책임이 있지 아니한가.

　정치자금을 둘러싼 문제를 크게 해소하려면, 대통령선거, 국회의원선거를 따로따로 할 것이 아니라, 국회의원선거 한번으로 줄이고, 대통령선거는 국회에서 하면 된다. 이것을 하려면, 일반국민과 정계가 크게 생각을 새롭게 해야 한다. 나라를 바르게 이끌어 나가려면, 사실 5년마다 대통령선거를 하고, 그때마다 정책의 방향이 근본적으로 바뀌어서는 안 된다. 국정의 연속성은 적어도 10년, 20년은 계속되어야 한다. 지금의 대통령선거는 5년마다 연속성이 단절되는 선거제도이다. 대통령을 국회에서 뽑게 되면, 의원내각제의 문제도 함께 거론되어야 할 것이다. 어쨌거나 지금의 대통령제도는 기로에 서 있다.

　세상물정을 전혀 모르는, 청소년적, 단세포적 정의감을 하루빨리 극복하고, 어른의 논리로 정치자금문제에 접근해야, 사회도 안정되고, 국가의 품위도 높아지며, 국리민복도 증진된다고, 나는 확신한다.

모처럼 맞이하는 대전환기

십만 원권 지폐의 초상화를 누구로 하느냐 하는 문제가 한참 거론되더니, 그것은 김구 선생으로 하는데 이론의 여지가 없고, 다만, 오만 원권에 신사임당으로 하느냐의 여부가 문제라는 기사를 보고, 나는 크게 놀랐다. 아니, 김구 선생이 무엇을 했길래 당연히 김구냐 라고 생각했던 것이다. 해방 이후의 국가유공자로 말하면, 당연히 건국의 아버지인 이승만 대통령이고, 다음은 박정희 대통령이 아닌가. 이승만, 박정희는 왜 배제되고, 김구요, 신사임당인가. 신사임당은 현모양처의 모범이었던가.

무슨 이유인지는 모르지만, 이것은 역사의 왜곡이 아닌가, 나는 심히 의아했다. 그러고는 생각했다. 정권말기에 이르러 왜 이렇게 일을 서두르나. 혹시, 덩치가 작은 십만 원권 현금뭉치를 빨리 만들어 들고튀어야 할 세력이라도 있는가.

이승만 대통령은 안 세워도 될 남한 단독정부를 세우고, 부정선거로 장기집권을 획책하다가 쫓겨난 사람쯤으로 치부하고, 박정희 대통령은 군사독재를 하다가 최후를 맞은 사람쯤으로 생각하는 것이 아닌가 하는 생각이 든다. 그러나 이렇게만 생각하는 것은 정당한 역사관인가. 북한에는 언제 민주적 선거가 있었는가. 김일성은 선거에 의하여 선출된 사람인가. 김정일은 언제, 어떤 선거에 의하여 뽑힌 사람인가. 선거라면, 으레 흑백선거, 당이 내세운 사람이 100% 당선되는 선거놀음뿐이 아니던가. 북한이 한 일은 무조건 옳고, 남한이 이룬 성과는 아무 노력 없이 저절로 이루어진 성과인가.

나는 지금이라는 이 시점은 우리에게 있어, 삼국통일 이래의 대전환기라고 보고 있다. 그러므로 우리 사회의 각 방면에서 일대 전환이 이루어져야 한다고 생각한다. 특히, 2008년 8월15일은 건국 60주년에 해당되므로 우리의 근세사부터 다시 써야 한다고 생각한다. 우리가 6·25전쟁의 잿더미를 쓸어내고, 짧은 시간 안에 이 만큼 커다란 성장을 이룬 것은 과소평가해도 되는 일인가. 출처불명의 이른바 '한반도기'만 흔들고 지나갈 것인가.

먼저, 크게 잘못되고 있는 우리 우방들과의 외교관계를 시급히 바로잡아야 한다. 지금은 '독립(independent)'의 시대가 아니라 '상호의존(interdependent)'의 시대이다. 이웃나라를 적으로 돌려 가지고는 아무것도 될 일이 없는 시대이다. 특히, 우리는 무역을 해서 먹고 살아야 하는데, 나라의 문을 걸어 잠그고 우리 민족끼리나 부르짖어서는 무역이 될 리가 없다. 국방도 마찬가지이다. '자주국방……' 참으로 듣기 좋은 말이지만, 지금 자주국방 할 수 있는 나라가 몇이나 되는가. 우리에게 그만한 능력이 있기나 한가.

더군다나, 북의 김정일 체제에 문제가 생긴다면, 우리 힘만으로 이에 대처할 수 있겠는가. 중국만 붙잡고 있으면 되겠는가, 결국 미국이 나서고, 일본이 적극적으로 나서야, 비로소 대처할 수 있다. 이런 명명백백한 사실을 도외시하고, 반미는 무엇이며, 반일은 무엇인가. 또, 친일파 후손의 재산환수는 무엇인가. 우리나라의 친북 좌익세력들은 눈 뜬 장님들인가.

우리의 건국 60년 역사는 부정되기는 커녕, 너무나 긍정적인 부분이 많은, 영광의 역사이다.

나는 지하철을 자주 이용한다. 한번은, 훤칠한 젊은이가 나서서 반미적, 좌익적 선동연설을 해대었다. 그러자, 이것을 듣고 있던, 경로우대석의 한 노인이 조용히 타이르기 시작했다.

'이봐! 젊은이! 자네는 키도 크고, 얼굴도 참으로 잘 생겼네. 아마도 자네 아버지보다는 키도 클 것이야. 그것이 누구 덕택인 줄 아나. 6·25전쟁 때 미국이 우리를 지켜주고, 우리를 먹여 살려주고, 우리의 경제건설을 도와준 덕택이 아닌가. 집에 돌아가, 자네 아버지에게 물어보게……'

이 말이 떨어지자, 기세등등하던 이 젊은이는 연설을 멈추고 있다가, 다음 역에서 슬그머니 내리고 말았다. 이제는 바른말을 해야 한다.

다음은, 행정고시 합격자들이 대부분인, 우리 사회의 직업관료들은, 과연 지금도 엘리트인가를 다시한번 따져 보아야 한다. 내가 존경하는 언론인인 조선일보 양상훈 논설위원은 참으로 좋은 글을 많이 쓴다. 그 중에는 〈관료에게는 혼이 없다〉는 제목의 글도 있다. 나는 지금도 내 책상 앞 벽에 이 글을 오려붙여 놓고 있다. 자기를 승진시켜주기만 하면, 여태까지의 자기소신은 온데간데없고, 당시의 정권이 제시하는 가치관에 부화뇌동하고 앞장서는, 출세제일주의자들이라는 것을 조목조목 실례를 들어가며 논파하였다. 이 얼마나 통탄할 일인가. 원래, 직업관료제도란 정당정치의 가변성을 보완하기 위한 국가의 안전핀 역할을 기대하며 발달한 제도이다. 그럼에도 불구하고, 그런 역할을 기대할 수 없게 된 이상, 이 제도는 당연히 재검토되어야 한다. 물론, 이것이 일부에 국한되는 현상일지 모르지만, 차제에 이것은 꼭 집고 넘어가야 할 문제이다. 오늘의 결과로 미루어, 그들의 행태는 오르테가를 인용할 것도 없이, 이들도 '엘리트'가 아니라, 무책임한 '대중'으로 분류하는 것이 타당한 행태라 하겠다. 그렇다면, 그들에게 부여된 고속승진, 신분보장의 특혜는 재고되어야 할 소지가 많다고 하겠다. 과거와는 달리 지금의 우리나라에는 다방면으로 많은 유능한 인재들이 배출되어 있다.

이뿐 아니라, 우리 사회의 전 방면이 누가 강요해서가 아니라, 스스로 자정작용을 일으켜 일대 개혁작업을 개시해야 한다. 노조도 달라져야 하고, 종교도 달라져야 한다.

나의 독서실은 서울 태평로에 있고, 삼성그룹의 본관에 인접해 있다. 그래서, 일상적으로 거리에는 확성기가 걸리고, 험악한 구호를 외쳐대는 데모대를 만나게 된다. 그들이 일으키는 소음에 귀가 아플 지경이고 통행에 방해를 받고 있다. 가만히 들어보면, 실소를 금치 못할 구호를 듣게 될 때도 있다. 삼성이 우리 회사를 흡수합병하면 될 터인데, 왜 안 하느냐 라는 것도 있다. 삼성도 이익을 추구하는 기업인 만큼 다른 회사를 흡수합병하느냐 마느냐하는 것은 삼성의 자유일 것이다. 그런데도 불구하고, 왜 흡수합병을 안 하느냐고, 남의 회사 앞에서 떠들어대다니…….

사회보장제도가 덜 발달된 우리나라에서 직장을 잃는다는 것은 바로 그 회사 종사원의 사활이 걸린 중대사일 것이다. 그러나, 그렇다고 해도 남의 회사인 삼성 앞에서 떠들 일은 아니다. 삼성이 정부냐. 이 회사가 온 국민의 고통을 다 떠맡아 해결해줄 의무가 있는가.

우리나라 노조가 세계에 유례를 찾기 힘든 강성노조라는 것은 널리 알려진 일이다. 그것 때문에 외국기업의 한국 투자가 줄어들고, 일단, 한국에 왔던 외국기업도 다른 나라로 옮겨가고, 우리 기업들도 외국으로 공장을 옮겨 갔거나, 이전을 검토 중이라는 사실도 다 알려져 있다. 우리 기업이 공장을 옮겨가면 우리의 노동자들도 따라서 옮겨 갈 수 있는 것은 아니다. 자꾸만 일터가 줄어든다. 줄어드니까 자꾸만 더 아우성을 친다. 이것은 악순환일 뿐, 우리에게 아무 득 될 일이 없다. 뻔히 알면서 계속 떠들어야 하는가. 또, 강성노조는 취업자의 대우가 좋은 대기업일수록 더 강도가 심하다. 이것은 큰 모순이 아닌가. 냉정히 다시 생각해볼 일이다.

지하철을 타도, 거리를 걸어도, 기독교 믿으라고 외치는 소리, 예수 믿어야 한다는 전단을 나누어 주는 사람들을 만난다. 사무실에 앉아 있어도, 불쑥불쑥 문을 열고 들어 와서는, 전단을 주는 것은 점잖은 편이고, 틈만 보이면 장광설을 늘어놓는다. 집안에 앉아있어도 사태는 마찬가지이다. 심지어는, 전란중인 아프가니스탄까지 찾아가 포교를 하다가, 그 지역 테러집단에 납치되어 일행 중 몇 사람이 살해되고, 끝내는 정부까지 나서서 거액의 보상금을 주고 석방시켜 데리고 온 사례도 있었다. 이슬람은 종파만 달라도 사람을 막 죽이는 무리들인 데, 그곳이 어떤 곳이라고, 아무 준비 없이, 감히 뛰어드나. 포교도 좋지만 좀 더 철이 들어야 할 것 같다. 또, 내가 아침저녁 다니는 길가에는 교회 가는 길을 안내하는 입간판이 보인다. '한국민족을 사랑하는' 무슨 무슨 교회라고 쓰여 있다. '한국민족'이라는 말도 생소하지만, 한국민족이 한국민족을 사랑한다는 것은 지극히 당연한 일인데도, 특별히 '한국민족을 사랑하는'이라고 쓴 이유는 무엇인가. 그 교회의 목사나 신도는 다른 나라 민족인데도 특별히 한국민족을 사랑하는 사람들이라는 말인가. 그들은 제3자인가…… 어불성설이다.

나도 한때 지역구에 출마하라 해서, 시골에 가 있은 적도 있었다. 이때 자주 그곳 천주교회 신부님과 저녁을 같이했다. 그는 이른바 카톨릭농민회에 깊이 간여하는 분이라고 했다. 그러다가, 한번은 이분과 큰 소리로 언쟁을 했다. 하도 농민 농민 하기에, 내가 말했다. '농민을 사랑한다고 말한다고 해서 농촌문제가 해결되는 것은 아닙니다.' 그랬더니, '이 양반이……' 하고, 그가 나를 노려보았다. '신부님, 눈을 좀 부드럽게 뜨시지요.'라고 내가 말했다. '내가 그 이유를 말씀드릴까요.' 그러면서 나는 말을 이어나갔다. '농민을 잘살게 하려면, 정부가 먼저 과학기술을 크게 발전시켜야 합니다. 과학기술을 발전시키려면 정부가 돈이 넉넉해야 합니다. 정부가 돈이 넉넉해지려면 우리나라의 기업부터 지원해서 무역을 늘려야 합니다. 그리하여, 경지정리를 하고, 농기계를 싸게 만들어 농촌에 지원하고, 종자를 개량하고, 비료와 사료를 싸게 공급해야 합니다. 신토불이 신토불이 하지만, 지금 우리 농민들이 농사에 쓰는 종자는 대부분이 외제가 아닙니까. 채소 종자는 말할 것도 없고, 벼농사에 쓰는, 아끼바레, 고시히카리는 다 무엇입니까. 그러니, 너무 농민 농민 해서는 안 되는 것이 아닙니까……' 했다. 그랬더니, 이 신부님은 기가 차다는 듯 '이 사람이 보자보자 하니까는……'이라고도 했다. 나도 화가 났다. '여보! 신부님, 내가 아무리 사람 같지 않더라도 남이 말하면 들어야 할 것 아니요. 내가 뭐 잘못 말한 것이 있소? 당신이 그토록 농민을 사랑한다면 농촌에서 농사나 짓지, 왜 로만 칼라 두르고 신부님이 되었소. 신부님이면 보이는 것이 없소?' 해버렸다. 나중에는, 남자끼리 서로 껴안고 뽀뽀도 하고 헤어졌지만, 이것은 아마도 그분이 일반인으로부터 생전 처음으로 들은 말이었을 것이다. 세상일이란 그리 간단한 것이 아니다. 이것을 분명히 알아야 한다.

불교도 마찬가지이다. 부처님의 말씀을 옮겨놓았다는 경전에 현대를 푸는 모든 가르침이 다 들어 있다고 할 수가 있는가. 경전 공부도 해야 하지만, 지금 우리가 살고 있는 현대가 어떤 시대인지, 우리 사회에 살고 있는 신도들의 고통의 진원이 무엇인지 깊이 연구해야 하는 것은 아닌지, 고민해야 한다. 마음 탓으로만 돌린다든지, 수양부족으로 판단한다든지, 조상 탓으로 돌려 가지고 재나 올리는 것으로는 해결될 수 없다. 제대로 된 조상이라면 후손이 아무리 잘못했더라도 무조건 용서하고 사랑하는 것이지 후손에게 보복을 일삼지는 않을 것이다. 수양을 한다지만 그 방법은 입산수도와 참선뿐인가. 참선 하면, 선종을 일으킨 달마조사이지만, 달마가 선종을 일으킨 중국의 소림사는 지금 어떻게 되어 있는가. 그곳은 이미 불교의 성지라기보다는 중국의 전통무술인 쿵푸의 본부가 되어 있다. 무술로 취업하려는 무술학교로 성시를 이루고 있다. 참선에 관한 책으로는 〈육조단경〉이라는 것이 있는데, 여기 보면, 참선도 제대로 된 스승에게 지도를 받아야지, 그렇지 않으면 선병(禪病)에 걸릴 위험이 있다고 경고하고 있다. 그러므로 선에 열중하려면, 부처님 보다는 눈앞에 있는 지도자, 즉 조사를 잘 만나야 한다.

또 '불립문자(不立文字)'와 '묵언(默言)'이 강조되는데, 나는 이것도 좀 문제가 있다고 생각한다. 독서도 하지 말고, 대화도 하지 않는다면, 그것이 올바른 수행자의 자세일까 걱정한다. 오히려, 많이 읽고, 많이 대화하는 가운데서 지혜가 생겨나지 않을까 생각한다. 소크라테스가 소크라테스인 소이는 그의 진리탐구 방법인 '대화(Dialektik)'에 있지 않았나 생각한다. 사람들과 의견을 주고받는 가운데서 진리가 발견될 수 있지, 입 다물고 있는 '묵언'으로는 어렵다고 생각한다. 오히려 입 다물고 있으면 자기류(自己流)의 어떤 환상만 커지지 않을까 우려된다.

나는 몇 년전에 어떤 공무원 불자회의 창립 3주년 법회에 참석한 일이 있다. 이 때 불교계에서 알아주는 상당히 높은 스님이 법문을 한다 해서 이를 경청하려 했었는데, 결과는 실망이었다. 이분은 처음부터 끝까지, 경전에 나오는 3자풀이를 하고는 내려가셨다. 한마디로 이 어른은 현실문제에는 언급할 준비가 안 되어 있는 것이 아닌가 생각되었다. 그 자리에 모인 고위공무원들이 3자풀이에 만족했을까 의문이다.

불교에서는 산중불교를 벗어나서 도심포교로 나서야 한다고 주장되고 있다. 그렇다면, 각 종파의 총무원이 나서서, 매주 스님들의 법문교육부터 시작해야 하지 않을까, 하는 것이 나의 솔직한 감상이다.

'무소유(無所有)'를 내세우며, 혼자서 산중에 은거하고 산다는 어떤 스님의 글이나 강론이 자주 신문 지상에 오르고 있다. 거기에는 자주 '명심해야 한다'는 구절이 나온다. '느낌이 든다'고 말

하는 것까지는 몰라도 '명심해야 한다'고 범부들을 호령할 자격
이 이분에게 있는지 의심스럽다. 어떨 때는, 해외파병은 해서는
안 된다고 말하기도 하고, 대운하는 건설해서는 안 된다고 말하
기도 한다. 이것이 입산수도의 결론인가. 이렇게 현실사회문제에
관심이 많다면 산중에 있을 것이 아니라 속세로 내려오라고 권장
하고 싶다. 또 '무소유'는 오늘날의 법률적 개념인 '가진 것이 없
다'는 뜻인가. 참선의 한 경지인 '있는 바가 없다'는 뜻인가. 헷
갈릴 때가 많다. 망언다사.

'한방'에나 매달리는 '요행수' 사회

　'개천에서 용 났다'라는 말이 있다. 듣기에 참 기분 좋은 말이다. 그런 인물이 나올 환경이 아닌 데서 기적적으로 훌륭한 인물이 나왔다는 것이다. 심지어, 그 사람은 조상의 묘 자리가 좋았다고 그럴듯한 해설을 하기도 한다. 지난번 대선에서도 조상의 산소부터 이장하고 나섰다는 후보도 있었다. 나는 이 소식에 무척 실망했다. 아! 이 사람까지 요행수(僥倖數)의 신봉자라니……　우리 사회의 수준을 일깨워주는 사건이었다.

　'개천에서 용이 나왔다'라는 것은, 외형적으로 볼 때 그렇다는 것이고, 그렇게 되기까지에는 반드시 그럴만한 이유가 있었다고 나는 생각한다. 겉으로는 갑자기 나타난 행운처럼 보이지만, 그 사람은 장기간에 걸쳐 남모르는 노력을 해온 사람일 것이다. 그렇지 않고는 그런 결과가 나올 수 없다. 그런 노력을 지속하는 데 지장이 없는 건강과 굳은 의지와 안목을 가지고 있었다면 그것은 그를 그렇게 낳아준 조상의 음덕일 것이다. 같은 씨앗이라도 아무 데서나 같은 열매가 열리는 것은 아니다. 그러므로 본인의 노력이 가장 중요하다 할 것이다.

그런데도 불구하고, 지금 우리나라에는 신세대, 구세대를 막론하고 온통 '한방'주의가 판을 치고 있다. 본인은 아무 노력을 하지 않고, 있다가 오직 '한방'으로 경쟁상대를 쓰러뜨리고, 개천에서 용이 난 행운을 누리겠다는 사람들 천지이다. 그것도 이미 볼 장 다 본 낙오자, 구세대가 그렇다면 몰라도, 신세대, 개혁세대, 진보세력을 자처하는 사람들이 그런 요행수를 신봉한다면 우리나라의 장래는 암담하다. 그 '한방'이 '헛방'으로 끝난다면 그들의 갈 길은 어디인가. 실로 연민을 금치 못할 일이다. 그들의 허구성을 여실히 드러낸 사태이다. 한방에 성공한다면 모르지만 그것이 헛방이 되면 그때는 상대가 강력히 역공할 기회를 제공한다. 이것은 한번이라도 싸움을 해본 사람이라면 다 안다.

한때, 우리나라의 좌파들은 '그렇다면 전쟁을 하자는 얘기냐'고 말하기를 좋아했다. 그러나 전쟁은 피하려고 한다고 해서 피해지는 것이 아니다. 오히려, 너는 결코 나에게 이길 수 없다는 것을 보여줄 때라야 전쟁은 피할 수가 있다. 일방적으로 퍼주기만 하거나, 그들의 떼쓰기를 참아준다고 해서 피해지는 것은 아니다. 언제든지 싸울 수 있다는 태세를 의연하게 보여 줄 때라야 피할 수 있다. 이것은 전쟁론의 기본이다.

나는 사회에 만연하고 있는 '한방'주의, '한탕'주의는 모두 그런대로 그 사회적 바탕이 있다고 생각한다. 우리가 급격히 성장하는 가운데 많은 사람들이 이 한탕주의로 일정한 성공을 거두었다. 어제까지 별 것 아니던 사람이 갑자기 성공해서 굵은 금시계

줄을 번쩍이며 나타나고, 어제까지 별 것 아니던 사람이 넓은 아파트에 살며 우쭐거렸다. 그래서, 젊은이들은 성실한 노력보다는 ‘스타탄생’을 꿈꾸며, ‘나도 텔레비전에 나갔으면 좋겠다’고 노래부르고, 내실을 기하기보다는 성형수술로 외모다듬기에 더 열중했다. 이것은 모두 이른바 대중사회, 대중문화가 빚어낸 역기능이다. 내실보다는 외화(外華)존중사상이다.

그러나 성공은 언제나 내실이 좌우한다. 이것을 깨닫는 것은 우리 각자의 몫이다. 그러나 오르테가는 말했다. 스스로가 자기를 깨닫기는 지난하다, 결국 바보는 죽어야만 비로소 깨닫는다고. 우리는 하루빨리 한방주의, 한탕주의를 벗어나야 한다. 몇년전에 일본에서 노벨상 수상자가 나왔을 때 그 중 한 사람은 한 기업의 공장에 부속된 이름 없는 연구소 직원이었던 사실을 보고 나는 크게 놀랐다. 이것이 일본의 저력이다. 이런 사람이 안 나오는 우리나라는 선진국이 되기에는 아직도 길이 멀었다는 사실을 실감했다.

걸핏하면 자기의 소속 정당을 부수고 나와, 이른바 ‘신당’을 만들고, 대선 후보자등록을 마치고 투표일이 며칠 남지 않은 시점에서도 합종연횡을 꿈꾸며 후보단일화를 추진하고, 마지막으로는 상대당 후보의 낙마를 기다리며, 검찰수사발표에 자기의 명운을 거는, 이런 나라는 세계 어디에도 없을 것이다. 이런 나라에서 한탕주의, 한방주의가 사라질 수 있겠는가.

사람들은 왜 그토록 외형적인 성공에 매달리나. 사람들은 출세를 좋아하고, 치부를 좋아한다. 그러나 일시적인 출세가 그 사람의 행복을 보장하는 것은 아니다. 오히려 때로 더 큰 불행을 자초하는 씨앗이 된다. 정권의 실세가 되었다가 형무소 신세를 안 진 사람이 있는가. 부자가 되었다가, 한번 세무사찰을 당해본 기업인이라면, 세무사찰이 어떤 것인가를 알 것이다. 그것은 자기의 수명을 단축시키는 고역이다. 평범한 사람은 무능하게 보일지 모르지만, 평범한 일생은 더 없는 축복이다. 이것을 알 때쯤이면 아마도 인생의 끝일지 모른다.

'니힐리즘'의 시대

교육의 보급, 고급문화의 향유, 물질생활의 풍요, 여행의 자유 등은 사람들의 의식에도 심대한 변화를 불러일으켰다. 사람들은 똑똑해지기 시작했다. 똑똑해진 결과, 그전에는 운명처럼 받아들여지던 사물들을 꼼꼼히 재음미하기 시작했다. 그리하여 끝없이 확장된 회의론은 여태까지의 신념이나 가치체계에 커다란 변화를 가져왔다. 이리하여 서양인들은 점차 이른바 니힐리즘에 젖어들기 시작했다.

'니힐리즘'은 보통 '허무주의'라고 번역되지만, 이것은 우리 동양 사람들이 이해하고 있는 바와 같은, 불교적 소양을 배경으로 한, 공(空)이라든지, 노장(老莊)사상적인 무(無)와는 개념이 일치하는 것이 아니다. 이것은 어디까지나 지극히 서양적인 개념이다. '공'이나 '무'는 우리가 보고 있는 바와 같은 존재가 처음부터 그렇게 있는 것이 아니고, 고정된 것이 아니다 라는 의미에서 존재론적 개념이다. 서양적 허무는 존재론적 의미가 아니라, 그 자체가 별 의미가 없다는 의미에서 가치론적인 개념인 것이다.

그러므로 니힐리즘은 여태까지 우리가 소중하다고 생각하고 있던 것이, 실은 별 의미가 없다고 깨닫게 되어, 그야말로 '허무하다', '인생이 허무하다'는 식으로 말하면 딱 들어맞는 그런 허무함을 의미한다.

서양에서 니힐리즘하면, 맨 먼저 떠오르는 사상가는 니체(Friedrich Wilhelm Nietzsche, 1844~1900)이다. 그는 독일 사람이다. 서양의 입장에서 서양의 문화를 깊이 연구해본 결과, 서양이 발전시켰던 논리와 종교 그리고 과학, 기술이 한계에 도달했다는 결론에 도달하고, 새로운 발전을 추구하기 위해서는 '초인'이 나타나서 새로운 가치관을 정립하여야 한다고 생각하였다. 그렇기 때문에, 그는 곧이어 등장한 나치즘에 동조하는 인물로 인정되어 영미에서는 인기가 없었던 사람이었다. 그는 저 유명한 '신은 죽었다'라는 말을 토해낸다. 그러나 그의 니힐리즘은 나치즘의 성쇠와는 상관없이 오늘까지도 크나큰 영향을 미치고 있는 것이 사실이다. 특히, 대중사회의 등장과는 밀접한 관계가 있다.

그는 첫째로 '최고 가치의 붕괴'를 말하고 있다. 그러면 '가치'란 무엇인가. 가치란 우리가 세상과 관계를 맺을 때 그 일이 우리에게 얼마나 중요한가를 판단하게 하는 기준이다. 우리가 어떤 일을 하게 될 때 만약 그 중요도를 측정하는 기준이 없어진다면 세상 일이 다 무의미하게 된다. 이것은 또한 '가치의 상실'을 의미한다.

둘째는, '목적의 붕괴'이다. 우리의 인생이나 활동에 별다른 목적 같은 것은 없다고 한다면, 그것처럼 허무한 것은 없다. 따라서 아무렇게나 살기만 하면 된다는 결론에 도달할 수밖에 없다. 우리는 늘 자기의 인생에 일정한 목적이 있다는 전제하에 살고 있다. 그런데, 별다른 목적을 발견할 수 없다면 이것은 꽤 심각하다. 사실 따지고 보면, 우리는 우연히 이 시대, 이 나라에 태어나서 일정한 직업에 종사하게 된 것일 뿐이고, 거기에 별다른 목적이란 없다고 할 수도 있다. 이것을 그대로 인정하면 살 재미가 크게 줄어들 것이다.

다음은 '진리의 붕괴'이다. 나는 고등학교 재학시절, 경도제국대학(京都帝國大學) 철학과 출신의 훌륭한 교장을 모신 덕분으로 이미 그때부터 철학과 논리학의 기초강의를 들을 수 있었다. 이때 들은 말씀으로 아직도 기억에 생생한 것은 '진리란 무엇이냐'라는 것도 있었다. 이 교장선생님은 그것은 한 마디로 '보편타당성이다'라고 말씀하셨다. 보편타당성은 좋지만, 지금 생각해보니, 누가 그것이 보편타당하다고 결정하느냐 하는 문제가 생긴다고 느끼게 된다. 보는 이에 따라 보편타당성에도 각자가 개입할 여지가 있지 않느냐 하는 생각이 든다. 그렇다면 보는 사람에 따라서는 보편타당성은 여러 개이고, 따라서 진리도 여러 개라는 이론이 성립할 수가 있지 않나 생각된다. 진리의 상실은 이런 것이 아닌가 생각된다. 결국, 진리란 처음부터 있는 것이 아니고 사람들이 진리라고 믿으려 한 것에 불과하다.

마지막으로, '통일의 붕괴'이다. 가치도 목적도 진리도 붕괴

된다면 그 사회를 하나로 묶던 '통일의 붕괴'는 지극히 당연한 귀결이 된다.

그러나, 니체의 니힐리즘은 '그러므로, 사람은 아무렇게나 살면 된다'로 가자는 것이 아니고, 인간은 새로운 가치를 창출할 능력이 있다. 그러나 이 새로운 가치창조는 아무나 할 수 있는 것이 아니고 '고귀한 인간' 즉 '초인'이 나타나야 가능하다. 초인은 남을 지배하려는 사람이 아니라 새로운 가치의 기준을 제시하는 사람이라고 결론짓는다. 따라서 니힐리즘은 모든 것이 근거가 없다는 부정적, 소극적인 면과 아울러, 새로운 가치의 정립이 가능하다고 보는 양 측면이 있고, 후자는 '능동적 니힐리즘'이라고 불리는 것이다. 이 부분을 가지고 사람들은 니체를 나치즘 옹호론자로 지목한 것이다.

지금 서양인들은 그 정도는 여하간에 니힐리즘에 빠져 있다. 서양사람뿐 아니라 서양적 교양과 풍요에 절어 있는, 동양인, 아시아인들도 서양사람 못지않게 니힐리즘에 빠져 있는 것이 오늘의 현상이다. 지금 우리는 그 전에 비해서는 엄청나게 좋은 환경조건 속에 살고 있으면서도 정신적으로는 그전보다는 더욱 더 불안한 생활을 하고 있다. 이들을 향하여 종교가 마음을 비우라고 타이른다든지, 하나님 또는 부처님에게 모든 것을 맡기라고 설득해봐야 먹혀 들 것 같지가 않다고 할 것이다.

그렇다면, 한국적 니힐리즘을 극복하고 해소할 방법은 없는

가. 나는 한마디로 있다고 생각한다. 그리고 그 시기는 바로 지금이라고 생각하고 있다.

우리는 그동안 이른바 '민주세력', '좌파세력', 소아병적, 시대착오적, 아마추어적 '민족세력'에게도 골고루 정권을 맡겨 보았다. 그러고는 그들의 실상과 실력을 남김없이 파악하게 되었다. 이제는 새 출발을 할 수 있는 호기를 맞이하게 되었다. 니체가 말하는 '초인'이 아니더라도, 한 사람의 평범한 대통령 아래서도, 큰 전환을 할 수 있는 계기를 맞이했다고 생각한다. 우리나라는 대통령 한 사람만 제대로 나오면 정치뿐 아니라 경제, 사회, 문화의 모든 분야가 다 달라질 수 있는 나라이다.

대통령이 발행할 수 있는 '어음'

전임 노무현 대통령은 임기 말을 며칠 남겨놓지 않은 시점에서 방북을 단행하고 별의별 우스꽝스런 언동을 다 하고 돌아왔던 것은 우리가 다 아는 일이다. 특히, 김정일이 '개혁과 개방이라는 말 자체를 싫어한다는 것을 알게 되었다'면서 앞으로 그 자신도 북을 향하여 개혁과 개방이라는 말을 쓰지 않기로 작심했다고 방북소감을 말한 것은 정말 실소를 금치 못할 일이었다. 그러면서, '전임 시장이 발행한 약속어음을 후임 시장이 결재하는 것은 지극히 당연한 일이다'라고 말한 부분은 그의 법률적 무지를 입증한 것이라는 점을 지적해 놓지 않을 수 없다.

전임 시장이 발행한 약속어음을 후임 시장이 당연히 결재하는 경우라는 것은 전임 시장의 약속어음 발행이 적법하고 정당한 경우에 한한다는 것은 법학통론을 조금만 읽어본 사람이라면 금방 알 수 있는 일이다. 만약 전임 시장이 자신의 임무에 위반하여 그 어음을 발행하였다면 그는 당연히 업무상배임죄의 책임을 져야할 것이다.

우리는 그동안 그의 희한한 논리와 언동에 대하여 식상해 있었다. 이를 일일이 논평한다는 것 자체가 논평자의 품격을 스스로 현저히 손상시키는 일이라, 언급을 자제하려 하거니와, 어쨌든 그는 갈 데까지 다 간 망나니, 불가사리였다.

생각하면, 나도 이런 경험이 있었다. 대통령과는 비교도 안 되는 미관말직에 있었을 때 일이다. 나는 한때 KBS사장으로 재직했었다. 나의 전임자는 더 높이 출세를 하여 KBS사장의 직속상급관청인 문화공보부장관으로 가 있었다. 내가 약 1주일에 걸친 각 부서별 현황파악을 마쳤을 무렵, 어떤 공식행사에 참석하였을 때 그 장관을 만났다. 그랬더니, 그 사람은 말하는 것이었다. 내가 KBS를 떠나면서 최종결재를 안 하고 나온 인사안이 있는 데 그걸 찾아서 그대로 시행하라는 것이었다.

돌아와 인사담당 본부장에게 그런 것이 있느냐고 물었더니, 있다는 것이었다. 나는 그것을 빨리 가지고 오라고 말하였다. 그랬더니, 그 사람이 펄쩍 뛰었다. 그것은 문제가 많다는 것이었다. 좌우간 가지고 와 보라고 말했다. 20여명의 중요 간부 인사이동안인데 나로서는 거기 적힌 사람들의 이름도 제대로 몰랐다. 장관이 그대로 시행을 하라 하니 시행할 수밖에 없지 않겠소 했더니, 그 간부는 이대로 하면 문제가 너무나 많다는 것이었다. 그렇다면 며칠 시간을 드릴 테니, 빨리 대안을 만들어 가지고 오시오 했다. 그러나 대안은 나오지 않았다. 그동안 장관으로부터는 성화같은 독촉이 왔다. 아마도 그 간부에게도 그런 전화가 왔을 것 같았다.

　나는 며칠을 더 끌다가, 그 간부에게 명령했다. 대안이 아직도 덜 되었소 했다. 그는 난처한 듯 머리만 긁적거렸다. 나는 좌우간 그 인사서류를 가지고 오시오 했다. 가지고 오자마자 나는 볼펜을 들고 사장란에 사인을 해 주었다. 이로써 이 문제는 일단 낙착되었다. 마침 86아시안게임, 88올림픽 방송준비를 추진해야 할 급박한 시점인데 언제까지나 한 가지 문제를 가지고 끌고 있을 수는 없는 일이었다. 일단 결재를 하고나니 사내에서는 말이 많다는 소문이 내 귀에까지 들려왔다. ‘사장은 별것 아니니, 역시 회장에게 잘 보여야 한다’는 내용이었다. 이 말도 듣기 싫은 일인데 듣자하니, 장관실에는 매일 KBS 간부들이 불려가 업무지시를 받는다는 것이었다. 나는 이것을 확인할 필요가 있다고 생각하였다. 하루는 불쑥 장관실을 방문하였다. 그랬더니, 비서실은 KBS 간부들의 대기실이었다. ‘나는 안에 누구 있소?’ 했더니, 장관 비서들은, 아무도 없이 장관 혼자 앉아 있다는 것이었다. ‘알았다’ 하고, 나는 불쑥 장관실로 들어갔다. ‘지나가다가, 과문불입할 수가 없어서 장관님께 인사드리러 왔다’고 말하고는 이내 나왔다. 그랬더니, KBS 간부들이 주르륵 나를 전송하러 청사 바깥으로 따라 나왔다. 나는 피가 거꾸로 흐르는 듯 했다. 아니, 장관도 장관이지만, 이 자들이 나를 무엇으로 알고 이 따위 짓을 하나…….

　나는 이때 지난번 인사안에 들어 있지는 않았지만, 요직자 중 딱 한명만 바꿔치기 하기로 작심했다. 나는 남의 뒤통수를 쳐서는 안 되며, 인사는 정식으로 본인에게 미리 통보하고, 정정당당히 전광석화로 단행하기로 마음먹었다. 먼저, 그 요직자를 사장실로 불렀다. '당신은 이 회사의 실력자로, 많은 일을 한 것으로 알고 있소. 그런데, 당신은 그동안 사실상 사장비서실장 역할을 한 것 아니겠소, 이제 사장도 바뀌었으니, 다른 일도 좀 해보는 것이 당신의 장래를 위하여 좋을 것으로 생각되는데, 당신의 생각은 어떠시오 했다. 그랬더니, 이 사람은 대답했다. '사장님의 결정에 전적으로 따르겠습니다' 했다. 그의 배경을 알기 때문에 나는 재차 다짐을 받았다. '앞으로 누가 뭐래도 내 결정에 따르겠소?' 그는 '예' 했다. 나는 말했다. '우리가 할 일이 많습니다, 뒤로 미룰 것 없이 빨리빨리 처리합시다. 당신 밑에 있는 인사부장을 올려 보내주시오 했다.

득달같이 인사부장이 올라왔다. 나는 말했다. '인사이동을 하나 기안해주시오' 했더니, '예' 하고 노트를 펴들려고 했다. '노트에 적을 것도 없습니다. 경영관리실장을 업무국장으로, 업무국장을 경영관리실장으로, 이상 딱 두 명입니다. 이름은 다 알지요' 했다. '내가 곧 나가야 하니, 5분 안에 결재서류를 가져오시오' 하고 내보냈다. 결재서류를 가지고 들어오자, 나는 즉각 사인을 하고, 당장 시행하시오, 조간신문 지방판 인사란에 꼭 게재되도록 하시오 하고는 사장실을 나와 버렸다. 다음날 아침이 되니, 장관실에서 난리가 나고, 사내가 크게 웅성거렸다. 나는 모른 척하고 있었다.

이 사건 이후 장관은 사사건건 나의 업무집행을 훼방하였다.

나는 생각했다. 내가 KBS사장에 환장한 사람도 아니고, 언제든지 그만둘 각오를 하면 되는 것 아니냐 하고…….

그로부터 벌써 20여년이 지난 지금에도 나는 그렇게 생각한다. 자기가 인사를 결정했으면, 자기가 정정당당히 결재를 하고 나오면 될 것인데, 이를 후임자에게 미루는 심사는 무엇이냐. 이런 공직자는 다시는 있어서는 아니 된다고.

이것은 한 가지 여담이지만, 내가 그 자리에서 물러날 때도 어떤 간부가 나를 찾아왔었다. 자기를 해외특파원으로 발령을 해주고 가시면 어떻겠느냐고 말하는 것이었다. 나는 후임 사장에게 당신을 추천할 터이니 좀 기다리시오 했다. 참으로 세상은 요지경 속이다.

아랍을 다시 보자

우리는 그동안 너무나 오랫동안 세계의 동향과는 담을 쌓고 지내왔다. 상대방을 '한방에 보낸다'면서, BBK가 무엇인지, 그것에나 매달리고, '민족끼리'라면서 김정일의 눈치나 보고, 대학입학, 수능에나 관심을 기울이고, 국제관계라면, 고작, 반미, 반일이나 논하면서 지내왔다. 석유값이 아무리 천정부지로 들고 뛰어도 그것은 먼 남의 나랏일인 것처럼 그저 멀뚱히 쳐다보기나 하면서 지내왔다. 흔한 말로, BBK가 밥 먹여주나, 민족끼리가 밥 먹여주나, 대입이 밥 먹여주나, 반미가, 반일이, 그리고 미국이 민주당 정권이 되면, 그것이 우리를 밥 먹여주나, 실로 한심한 나날들이었다. 이제는 좀 정신을 차려야 한다.

나는 앞으로 우리의 백년대계를 위해, 눈을 밖으로 돌려, 아랍을 주목할 필요가 있다고 생각한다. 사실, 지금의 아랍에는 여러 나라들이 있지만, 그 대부분은 20세기에 들어서면서 유럽의 선진국들이 그어준 국경선을 경계로 하고 있을 뿐, 그 이전에는 황량한 모래바람이 불어 닥치는 사막이었고, 그 주민들은 낙타나타고 다니는 유목민들이었다.

　이런 지역에서 20세기 초에 석유가 발견되자, 유럽 여러 나라들이 재빨리 달라 들어 석유개발의 이권을 나눠 가졌고, 이 이권을 보호하고자 지역마다 왕국이 건설되고, 국경이 그어졌다. 이것이 아랍의 역사이다. 물론 이 지역에서 한때는 서양을 능가하는 화려한 문명이 꽃피었다는 것은 우리가 다 아는 바이다. 우리가 지금 쓰고 있는 숫자를 가리켜 '아라비아숫자'라고 하고 있지 않은가. 이것은 아라비아에서 쓰던 숫자라는 뜻이다. 그러나 그것은 어디까지나 과거의 일이었다. 물론, 아라비아숫자는 아랍의 발명품도 아니다. 그 원산지는 인도였다.

　어찌됐건, 지금 우리가 그들과 교제를 하거나, 거래를 하려 할 때는 불편한 점이 많다. 그들은 계약을 해놓고도 반드시 '인샬라'라는 말을 덧붙인다. '인샬라'는 '인샤알라' 의 줄임말이다. '만일 알라(Allah)신이 그것을 원한다면'이라는 뜻이다. '나는 그렇게 하려 하지만, 창조주이신 알라신이 그것을 원하지 않는다면 할 수 없다'는 의미다. 그러므로 사람들은 사람과 사람이 계약한 것이 아니라, 신과 계약한 꼴이 된다. 서양식으로 말하면, 약속은 반드시 지켜져야 하는 것이지만, 신이 개입되면 그것은 이미 인간계를 뛰어넘는 것이므로, 지켜질지 아닐지는 신의 결정에 맡길 수밖에 없게 되는 것이다. 이것은 코란(Koran)에 명시되어 있는 항목이다. 코란 18장 23절에는 이렇게 나와 있다. '너희들은 내일 이것을 하겠다고 말해서는 안 된다.' 그러고는 24절에는 '단, 인샤알라 라고 덧붙이면 된다'라고. 또한, 그들의 정치체제가 제정일치라는 점도 우리에게는 생소하고, 그들의 일상생활을 지배하는 것이 우리처럼 서양식 제정법이 아니라 교회법인 이슬람법이 더 절대적이라는 점도 우리를 어리둥절하게 한다. 그러나, 그럼에도 불구하고 그들은 우리에게 매우 중요한 나라들이고, 사람들이다.

오늘날 세계를 휩쓸고 있는 테러의 본산지도 그곳일 뿐 아니라, 우리가 수입에 의존하고 있는 석유의 주산지도 그곳이다. 따라서 아랍과 담을 쌓고는 우리의 경제적 번영도, 사회적 안정도 유지될 수 없다. 부득불 그들과 인맥을 쌓고, 거래를 유지하고, 이를 확대해야 한다. 게다가, 아랍에는 이스라엘이라는 강국도 버티고 있다. 이스라엘이라는 나라는 그들의 경제력도 막강하지만, 무력도 막강하다. 이스라엘의 공군력은 세계 최강이다. 그뿐 아니라, 이스라엘이 미국에 미치는 영향력은 거의 무한대이다. 이런 중요지역을 도외시하고는 될 일이 아무것도 없다.

그러므로 우리는 하루빨리 이 지역에 확실한 거점을 만들어야 한다. 이것이야말로 우리가 이 이상의 발전을 도모하기 위한 선결문제이다. 그들은 한때 서양을 그들의 발전모델로 삼았었다. 그러나 그러한 시도는 모두 실패로 돌아갔다. 이제는 아시아로 눈을 돌려, 말레이시아, 일본을 본받으려 노력중이다. 우리는 이러한 추세에 해답을 줄 수 있는 충분한 능력을 가지고 있다. 우리는 리비아의 수로공사에 참여하여 이를 성공시켰다. 사우디의 건설공사에 참여하여 우리의 능력을 확실히 보여주었다. 지금은 아랍에미리트의 한 토후국인 두바이(Dubayy)에 크게 진출하고 있다.

　다행하게도 최근 아랍세계에서도 새 바람이 일고 있다. 나는 오랫동안 서양과는 담을 쌓고 지내던, 리비아의 카다피가 프랑스를 방문하여, 프랑스 의장대를 사열하는 장면을 보고 크게 감동했다. 그의 복장이 이채로웠다. 서양식 양복이 아니라, 두꺼운 민족의상이었다. 그러고는 에어버스 여객기 6대를 포함하여 전투기, 헬리콥터 등 도합 20억불 상당의 대형 구매계약을 맺었다. 카다피는 독자적인 핵무기 개발을 추진하다가 미국 등에 밉보여 국제사회에서 고아신세가 되어 있다가, 핵개발 포기를 선언하고, 지금 새로운 도약을 도모하고 있는 중이다. 이란도, 이라크도, 아프가니스탄도, 요즘 변화의 조짐을 보이고 있다. 시리아도 레바논도 많이 조용해졌다. 이럴 때가 기회이다.

　사실, 아랍세계 진출로 말하면 김정일이 선배격이다. 북한이라는 폐쇄사회에서 유일하게 외부세계의 동향을 꿰뚫고 있는 사람은 김정일뿐이라고 알려져 있다. 그는 이 지역에 일찍부터 주목하여 미사일, 핵무기 개발을 지원하고, 일찍부터 재미를 본 사람이다. 그러나 아무리 보아도, 김정일도 이제는 끝나가는 사람이다. 어떤 이는 그가 70이 가까워서도 아직도 그의 후계자를 지명하지 않고 있는 것은 그 나름대로 세상을 내다보고 있기 때문이라고 말하고 있다. 그의 체제가 종말이 가까웠는데 지금 그의 아들을 후계자로 지명한다면 그것은 자기 아들에게 미리 사형선고를 내려놓는 것과 같은 결과가 된다는 가설을 전제로 하고 세운 논리이다. 겉으로는 강한 척해도, 그도 그의 앞날에 대한 그 나름의 전망이 분명히 있을 것이다. 어찌 됐건, 이제는 우리가 이 지역에 적극 전출할 차례이다.

기왕, 이스라엘을 거론했으니, 한마디 더 추가하고 싶은 말이 있다. 나라가 국제사회에서 제대로 대접을 받으려면, 반드시 강한 군대가 있어야 한다는 것이다. 우리는 북의 재침에 대비하여 그동안 막강한 군대를 양성해왔다. 이것은 앞으로 우리에게 큰 재산이 될 것이다. 개인끼리도 돈만 가지고는 남으로부터 존경을 받을 수가 없다. 반드시 주먹이 있어야 한다.

법은 멀고, 주먹은 가깝다. 주먹이 있어야, 계약도 지켜지는 것이다. 주먹이 없으면 언제나 상대방으로부터 무시당하고, 계약도 제대로 지켜지지 않을 것이다. 우리는 앞으로 경제대국, 군사대국인 중국과 일본의 중간에 끼어 살아야 한다. 이때, 만약 우리가 상응한 군사력이 없다면, 언제나 그들로부터 무시당할 것이다. 새 시대의 지도자는 이 점을 확실히 유의해야 할 것이다.

남한 언론과 북한 언론

남북관계와 관련하여 김대중, 노무현 대통령 기간 동안 별 희한한 일이 다 많았지만, 그 중에서도 가장 희한한 일은 남북 언론인 간에 '앞으로 통일에 장애가 되는 언론활동은 일절 하지 않기로 합의했다'는 부분이다. 나는 이 소식을 듣고, 나의 귀를 의심했다.

정부 당사자들이야 어떤 사명감에 의해서건, 어떤 착각에 의해서건, 합의를 할 수도, 이른바 퍼주기를 해도, 용혹무괴(容或無怪)한 일이지만, 냉정해야 할 언론인들이 평양에 가서 이런 합의를 했다면 이는 그들의 양식을 의심하지 않을 수 없는 사태가 아닌가 생각되었던 것이다. 그 중에는 어중이떠중이가 아닌 우리나라에서 내노라하는 일급 언론인을 자처하던 인사들이 포함되고 있었는데 나는 새삼 그들에게 좀 묻고 싶은 심정을 억제할 수가 없었다. 세계가 다 알아주는 독재체제 아래에 있는 북의 언론인과 자유 남한의 언론인이 같은 언론인인가. 그들은 그동안 과연 언론인이었던가. 권력으로부터 권력의 배분을 못 받아 안달을 하던 정치꾼이었던가.

북의 헌법에도 분명히 언론의 자유가 있다고 쓰여 있다는 사실을 나는 안다. 북한뿐 아니라 과거 공산체제 하의 모든 나라 헌법에도 같은 구절이 있었다. 그러나 그들이 말하는 언론의 자유는 우리가 생각하는 언론의 자유와 같은 개념이었던가. 자유라는 글자는 같지만 그 의미는 판이했다. 그들은 당이 진리라고 말하는 진리를 진리라고 말할 자유가 있다는 것이 아니었던가. 심지어 과거 공산체제 하에서는 1년치 신문을 연초에 미리 만들어놓을 수도 있었다. 정월에는 무엇을 쓰고, 2월에는 무엇을 쓴다 하고…… 그동안 아무리 새로운 사태가 발생해도, 당의 입장에서, 또는 체제의 유지 발전을 위해, 유익하지 않다고 판단될 때는 이를 보도 또는 언급할 필요가 없다는 것이었다. 그것들은 모두 공산체제 발전을 위해 장애가 된다는 입장에서 무시되었다.

이런 사실을 대통령에 동행한 우리 언론인들이 몰랐다는 말인가. 몰랐다면, 그들은 너무나 공부부족인 가짜 언론인이었다는 말이 되고, 알고 했다면, 그들은 이미 자유 언론인이 아니라 권력의 시녀들이었다고 할 것이다.

아니나 다를까, 이 사실이 보도되자, 우리 언론계가 일제히 들끓었다. 지방에서 대학총장이라는 직위에 있던 나에게도 신문사에서 전화가 걸려왔다. 이 문제로 특집을 하려 하니 나에게도 짤막하게 의견을 말해달라는 것이었다. 그러나 나는 이를 완곡히 거절했다. '이것이 잘못되었다는 것은 삼척동자라도 다 알 수 있는 일이 아니냐. 그러나 나는 지금 문교부의 감독을 받는 대학의 총장이라는 직위에 있으므로, 내가 지금 그런 말을 하면 이 정권으로부터 어떤 보복을 받아, 엉뚱하게, 화가 학교에 미칠지도 모르니 이번만은 말을 안 했으면 좋겠다'라고.

나는 지금도 생각한다. 만일 내가 그 자리에 있었다면 어떻게 했겠는가 하고. 나라면 이렇게 말했을 것이다. '이런 제안을 하는 당신들 입장을 잘 알겠소. 그러나 우리는 당이나 정부를 대변하는 사람이 아니라, 당이나 정부를 비판하는 것을 업으로 하는 사람들이오. 우리는 그저 사실을 사실대로 쓸 터이니, 우리의 입장을 이해하고, 이번 일은 없던 것으로 합시다.' 그랬다면 혹 그들은 이렇게 말했을 지도 모른다. '여보시오, 박부장 선생, 당신은 여기 올 때는 제 발로 걸어들어 왔지만, 돌아갈 때는 우리 허가 없이는 못 간다는 사실을 아시오?'라고. 나는 과거에 남북조절위원회 취재차 평양에 갔을 때, 이런 협박을 실지로 받은 일이 있다. 나는 말했다. '당신은 지금 나에게 겁을 주고 있는 거요? 당신은 앞으로 서울에는 안 올 작정이오?' 그러나 아무 일도 없이 제대로 돌아왔다.

그들은 무슨 신문 아무개라고 말하지만, 실은 당원 중에서도 특별히 선발된 '정예당원'들이다. 그러므로 우리 언론인과는 성분이 전혀 다른 사람들이다. 이들을 같은 언론인으로 알고, 통일에 장애가 되는 언론활동은 하지 않기로 했다면, 이것은 망발이다. 이런 행사를 주관한 국가정보원은 무엇을 하였는지 지극히 궁금하다.

　나는 개인적으로는 북에 돈이나 물건을 퍼주어도 크게 문제될 것이 없다고 생각한다. 그들도 돈맛을 좀 알아야 한다고 생각한다. 다만, 정신만은 절대로 퍼주어서는 안된다고 생각한다.

6·25는 무의미한 전쟁이었는가

한때, 우리 사회에는 '그러면, 전쟁을 하자는 거냐'라고 말하는 사람들이 많았고, '이러면, 전쟁이 나는데……'라고 거듭거듭 경고하는 정치인도 많았다. 심지어는 '6·25는 무의미한 전쟁이었다'고 말한 현직 장관도 있었다. 정확히는 몰라도, 이들은 대개 기독교인이거나, 자칭 기독교인이었다. 여기서, 내가 '자칭 기독교인'이란 용어를 쓴 이유는, 그중 한 분은 한때 '예수는 나의 형님'이라고 말했다 해서 화제를 불러일으킨 인물이었기 때문이다. 예수님이 자기의 형님이라니, 도대체 이 사람은 정신이 있는 사람이냐? 보도에 의하면, '그의 아들이 하나님 아버지! 하고 기도하니, 그 아들의 아버지인 나는 예수님과 같은 항렬이고, 따라서 예수님은 나의 형님' 이라는 것이었다 한다. 그러니 그는 자칭 기독교인이고, 사이비 기독교인이라 할 수밖에 없다고 하겠다. 그러나 '6·25전쟁 무의미론'을 주장하는 사람은 기독교인에 국한된 것은 아니고, 꽤 이름 있는 불교지도자 중에서도 이런 강론을 하는 사람이 있다는 것을 신문지상을 통해 알 수 있었다.

전쟁을 좋아할 사람이 누가 있겠는가. 안 할 수만 있다면 안하는 것이 최상이다. 그렇다고 해서 6·25는 무의미한 전쟁이었다는 것은 말도 안 되는 논리의 비약이다. 그는 도대체 어느 나라 사람이냐고 반문하지 않을 수 없다. 북이 소련제 탱크를 앞세우고 쳐내려 와도 일절 응전하지 말고, 어서 오십시오 하고, 무조건 항복했어야 했다는 말이냐. 이런 사람이 대한민국 장관이었다니 한심하기 짝이 없는 일이었다.

'칼을 든 자는 칼로써 망한다' '네가 가진 것을 남김없이 다 주라' '누가 네 오른 뺨을 때리거든 왼 뺨도 내밀어라……' 이것은 성인(聖人)들이나 할 수 있는 일일지는 몰라도, 현실적으로는 전혀 '무의미한 요구'이며 '굴욕의 윤리'이다. 이것을 우리의 현실에 그대로 적용하려 하는 것은 그야말로 무의미한 시도이다. 만약, 자기도 실천할 수 없는 일을 남에게 요구한다는 것은 위선의 극치라 할 것이다. 더군다나, 일국의 장관자리에까지 오른 사람이 이 따위 말밖에 못한다면, 이 사람은 세상을 전혀 모르는 철 안든 어른이다. 그의 전력인 대학교수 특유의 직업병이라 할 허영심만 가득한 사람이다. 여기 허영심이라는 직업병 이야기는 내가 만든 말이 아니라 막스 베버의 말이다.

대통령은 물론, 장관까지 된 사람이라면 당연히 정치의 본질을 정확히 인식해야 할 것이다. 정치가 무엇이냐. 이것은 대단히 넓은 개념이다. 어떤 의미에서는 이 사회에서 행해지는 모든 지도적 행위는 다 정치라고 할 수도 있겠지만, 우리가 반드시 이해하고 넘어가야 할 것은 정치의 본질적 속성이다. 정치란 권력의 배분에 참여하고, 이 배분에 영향력을 행사하려는 노력이다. 그리고, 정치적 권력의 핵심은 폭력이다. 그러므로, 정치는 어디까지나 정치이지 '윤리'나 '도덕'이 아니다. 그럼에도 불구하고, 정치를 논하면서 종교적 윤리나 도덕적 비판을 앞세운다는 것은 백해무익하다. 이런 사람은 정치의 ABC도 제대로 모르는 초보자들이다. 그리고, 정치는 언제나 폭력을 배경으로 하고 있다는 사실을 감안한다면, 정치에 종교적 윤리를 앞세운다거나 '영혼의 구제' 까지를 기대한다는 것은 애당초부터 무리한 발상이다. 만약, 그러한 관점에서 정치 또는 전쟁을 논한다면 그 사람은 '정치적 미숙아'라 할 것이다.

그런데도 불구하고, 우리 사회에서는 '정치적 미숙아'적 정치 접근자들이 너무나 많다. 앞으로 '정치적 미숙아'들의 정치참여나, 정치평론은 스스로 자제되어야 한다.

책임 있는 정치지도자라면, 무력 외침이 있었을 때는 총력을 기울여, 이에 반격을 가해야 하고, 이를 격퇴시켜야 한다. 그렇지 않다면, 그 나라는 결국 역사의 뒤안길로 사라지고 말 것이다. 이렇게 보아갈 때, 6·25는 과연 무의미한 전쟁이었겠는가. 해답은 너무나 분명하다. 불의에 그 전쟁을 당한 우리는 지금 어떻게 되어 있으며, 그 전쟁을 일으킨 북은 지금 어떻게 되어 있는가. 모골이 송연한 일이다. 결국 6·25전쟁 무의미론자들은, 북이 지금도 주장하고 있는, '우리 민족끼리'주의의 아류이거나 그 추종자들로 낙인찍힐 수밖에 없다.

전쟁, 그 자체는 비참하였지만, 한편으로 6·25전쟁은 우리에게 새로운, 거대한 도약의 발판이 되었다. 미국과 일본과 유럽 여러 선진국가들의 지원이 이어지고, 내부적으로는 이데올로기대립 극복과 국력의 결집이라는 성과를 거두었다. 특히 박정희 대통령의 등장은 비약적인 산업화 근대화의 발판이 되었다. 솔직히 말해서, 지금 우리는 박정희 대통령의 덕택으로 이만큼 컸다. 만약 박정희 대통령이 그때 나타나지 않았더라면 우리의 오늘은 없었다. 특히, 박대통령이 제창한 '하면 된다'주의는 우리의 세계진출의 토대가 되었다. 이것은 우리 온 국민이, 세계가 다 인정해주는 엄연한 사실이다. 그럼에도 불구하고, 십만원권, 오만원권 새 지폐의 초상을 결정함에 있어, 건국의 아버지인 이승만 대통령, 근대화 산업화의 기수였던 박정희 대통령은 어디로 가고, 김구 선생, 신사임당이냐. 역사를 왜곡해도 분수가 있어야 한다.

개인도 역경에 빠졌을 때, 그 기회를 살릴 수 있으면, 위인이 되고, 못 살리면 폐인이 된다. 만약, 6·25전쟁이 없었더라면 재벌이 일어날 수 있었겠는가. 오늘날과 같은 강한 군대를 우리가 보유할 수 있었겠는가. 우리 민족끼리주의 동조세력들은 한결같이 이것들의 존재의의를 부인하려 하고 있지만, 부인하려 한다고 해서, 부인되는 것은 결코 아니다.

'텔레비전 정치' 를 뛰어넘자

　새 시대를 열어 가려면 우리는 무엇보다도 '텔레비전 정치' 를 뛰어넘어야 한다. 나는 오랫동안 텔레비전을 멀리하여 왔다. 별할 일이 없다고 하여, 텔레비전을 켜 놓고 있으면, 하루 종일 영화관에 앉아 있는 것과 같다. 아무것도 할 수가 없다. 라디오라면 소리를 들으면서 독서도 하고, 일도 할 수 있지만, 텔레비전은 귀 뿐 아니라, 눈도 빼앗아 가기 때문에, 그것을 시청하는 일 외에는 아무것도 할 수가 없게 되는 것이다. 그전에는 가끔 젊은 이들이 찾아와 나에게 아들딸을 잘 키우는 방법이 무엇이냐고 묻기도 했다. 나는 주저 없이 말했다. '거실에서 텔레비전 수상기를 철거하시오'라고. 그 대신, 어머니들은 독서하는 모습을 아이들에게 보여줘야 한다고 덧붙였다. 유대인 가정 거실에 텔레비전 수상기가 없다는 것은 너무나 유명한 애기이다.

　정치도 마찬가지이다. 텔레비전 위주의 정치를 하면, 국민도 망하고, 정치도 망한다. 알고 있는 분은 다 알고 있는 사실이지만, 텔레비전이라는 매체는 신문과는 달라, 원래 오락성이 강한 오락지향적 매체이다. 정치문제를 다루더라도 그것은 결국 '텔레비전쇼'가 된다. 뉴스방송도 '뉴스쇼'이다. 그 내용보다는 공연물이나 쇼라는 데 주안점이 두어진다. 내용을 진지하게 만들기보다는 쇼적인 효과가 있느냐, 없느냐가 더 문제가 된다. 그러므로 출연자를 섭외할 때도 용모나 음성이 더 중요한 인선의 기준이 된다. 따라서 깊이가 없다. 시청자들도 재미를 중시하지, 내용을 중시하지 않는다. 말씨가 깨끗하다든지, 표정이 풍부하다든지, 멋을 부릴 줄 안다는 것이 저 중요하고, 이때 상대방의 시선을 피했다든지 하는 지엽말절적(枝葉末節的)인 문제에 집중한다.

정치인도 그가 가지고 있는 실지의 자질보다는, 누가 더 자주 텔레비전에 출연한 사람인가로 뽑게 된다. 이것은 결국 거품의 크기로 사람을 뽑는 결과가 되는 것이다. 나는 오랫동안 언론에 종사했고, 방송도 좀 아는 사람이지만, 정치지도자라는 사람들이, 국민들이 무얼 보고 저런 사람들을 요직자로 인선을 하는지 의아할 때가 많았다. 이른바 '클레디비리티갭'(credibility gap)이다. 우리는 그 사람의 실상을 보고 사람을 뽑아야지, 텔레비전을 통해서 본 이미지로 뽑아서는 얼마 안가 낭패를 당하게 된다. 그 피해는 본인뿐 아니라 국민에게도 직접 미치게 된다. 방송출연에는 대본이 있기 마련이다. 마치, 배우가 작가의 대본을 따라 목소리와 표정을 짓듯이……. 그러나 일반 시청자들은 이것을 잘 모르는 것 같다. 겉으로 들어난 연기에 홀려 그 배후에 있는 작가를 잊게 된다. 그러므로, 연기는 배우의 실력 그 자체가 아니다.

‘뉴스쇼’ 시간도 마찬가지이다. 신문은 하루에 다루는 항목이 수백, 수천 가지일 수 있지만, 텔레비전뉴스는 길어야 30분이므로 다루는 가짓수에 제한이 많다. 자연이 수박겉핥기가 될 수밖에 없다. 집중적으로 한 가지를 가지고 다룬다 하더라도, 반드시 그림이 붙어야 하기 때문에 거기 맞는 그림이 있는가 없는가도 크게 문제된다. 결국 그림이 있으면, 그림이 좋으면, 별 내용이 아니더라도 크게 다루어진다. 반면, 아무리 큰 뉴스라도 그림이 적당치 않으면 작게 다루어진다. 이것은 방송이 안고 있는 숙명이다. 뉴스 시간을 진행하는 이른바 앵커맨도 겉으로 보기에는 그 사람이 세상만사를 꿰뚫어 보고 있는 듯이 보이지만, 그의 뒤에는 담당PD가 있어 그의 멘트를 결정한다. 결국 그는 한 사람의 연기자, 아나운서일 뿐이다. 그리고, 뉴스방송에도, 스튜디오가 있어야 하고, 카메라가 있어야 하고, 조명과 음향전문가가 받쳐주어야 한다. 이에 비하여 신문은 크게 제약이 줄어든다. 〈뉴욕 타임스〉는 원칙적으로 사진을 쓰지 않는다. ‘All the news that fit to print.’ 즉 ‘신문에 싣기에 적당한 뉴스라면 모두 싣겠다’가 그들의 모토이다. 웬만한 뉴스라면 삭제 없이 전문을 게재한다. 독자들에게 자료로 서비스할 뿐 아니라, 역사의 기록으로 남겨두기 위해서이다. 같은 언론매체라도 신문과 방송은 이처럼 하늘과 땅만큼 차이가 있다. 신문 중에서도 극히 최근에 등장한 〈유에스에이 투데이(USA Today)〉는 기사를 짤막하게 쓰고 사진도 많이 쓴다. 이른바 ‘텔레비전 수법으로 신문을 만든다’는 것이다. 그러나, 아무리 그래 봤자 〈유에스에이 투데이〉가 〈뉴욕 타임스〉의 영향력을 따라잡기는 어렵다.

어찌 되었거나, 지금 우리 정치인들은 텔레비전 출연에 명운을 걸고 있다. 짙은 화장을 하고, 마치 재치문답에 나오듯, 표정관리에나 전념하고 있다. 이것이 과연 국정의 최고책임을 담당하겠다는 정치인들의 옳은 자세인가. 일단 청와대의 주인이 된 대통령들도 언제나 텔레비전쇼에 나가 세상을 깜짝 놀라게 할 일이 무엇인가, 그것만을 생각하는 것 같다. 나라가 온통 쇼맨들의 천지이다. 이래 가지고는 진지한 정치가 발붙일 여지가 없다. 이것은 '건달'들의 정치이다. 나는 하루빨리 '건달정치'가 극복되어야한다고 생각한다. 사실, 남자들의 본질은 '건달'이라고 나는 생각한다. 꼼꼼한 일을 하기보다는 대의명분이 서는 큰 주제를 거론하기를 좋아하고, 남들의 실수를 발견하여 호통이나 치고, 사람들과 악수나 하고 지나다니기를 좋아한다. 그러나 자기 자신은 책임질 일은 아무것도 안 한다.

이래 가지고는 나라가 발전할 수 없다. 일을 한다는 것은 말처럼 그렇게 쉬운 일이 아니다. 바느질을 하듯이 한땀한땀 꼼꼼히 챙겨야 하고, 마치 작가가 소설을 쓰듯이 한자한자에 전 신경을 기울여야 한다. 한 가지라도 소홀히 하고 건너뛰었다가는 나중에 큰 낭패를 당한다. 이런 노력은 텔레비전카메라 앞에서가 아니라, 세상과는 비켜선 한적한 장소에서라야 이루어질 수 있다.

텔레비전 정치를 지양하자면, 부득불 텔레비전 방송국 자체도 그 체질이 달라져야 한다. 지금 우리의 이른바 공영방송 운영체제는 타당한 체제인가. 이것부터 따져 나가야 한다. 나도 이 문

제를 오랫동안 생각하였으나 상당히 장황한 논란이 될 것이므로
본란에서는 언급을 자제하려 한다.

노인은 줍고, 젊은이는 버리고…

　며칠 전 점심을 같이 하고 압구정동 뒷길을 걸어나오다가 나와 동행했던, 내가 존경하는 친구 이진우 변호사가 갑자기 그 큰 몸을 앞으로 굽혀 길바닥에 버려져 있던 종이와 담배꽁초를 주워 호주머니에 넣는 광경을 목격했다. 이때 나는 아무 말을 하지 않았지만, 내심 크게 감동했다. 내가 알기로 이 분은 평생 담배라고는 피워보지 않은 사람이다. 그런데도 불구하고 남이 버린 담배꽁초를 주워 자기 호주머니에 넣었다.

　그전에 나는 시간이 나면, 혼자서 자동차를 몰고 시골길을 잘 다녔다. 그러다가, 어느 날은 한적한 시골 구멍가게에 들러 무언가를 사고, 물건 껍질을 벗겨 가지고는 두리번거렸더니, 주인아주머니는 손을 내밀며 쓰레기는 자기를 달라 했다. 그러고는 말했다. 노인들은 꼭 휴지통에 넣는데, 젊은이들은 열이면 열이 다 아무 데나 버린다는 것이었다.

　내가 보기에도, 노인들은 산책을 하다가도 남이 버린 쓰레기도 줍고, 반대로, 젊은이와 어린 아이들은 당연한 듯이 버리고 다닌

다. 아무런 죄책감이 없고, 오히려, 안 버리면 손해라도 보는듯
한 느낌인 것 같다. 이것은 옥내외에 상관이 없다. 공동주택 복
도, 엘리베이터, 버스와 지하철, 아무데서나 같은 현상을 만난
다. 지극히 사소한 일 같지만 이것은 큰 문제이다.

　사람들은 이러고도 환경문제를 말하고, 지구온난화를 걱정한
다. 우리 동네에는 쓰레기 소각장도 있고, 그 폐열로 발전도 하
고, 지역난방도 해결하는 시설이 되어 있다. 주민들은 쓰레기를
주워 담아 놓기만 하면 된다. 그런데도, 자기 손은 까딱도 안 하
고, 입만 가지고 떠들기만 하면 되는 것으로 안다면, 이것은 큰
문제이다. 쓰레기를 주워 담아 들고 가는 일을 맡는 사람 수를
늘인다면, 이것은 소각 비용, 발전 원가를 높이는 결과가 된다.
결국, 주민들의 부담을 늘이는 것이다. 한참 유행하던 '일자리
창출' 효과는 있을지 모르지만…… 그러나, 세금 또는 주민부담
을 증가시켜 일자리를 창출한다는 것은 졸책중의 졸책이다. 세금
이나 주민부담을 늘이지 않고 만드는 일자리라야 진정한 일자리
창출이다.

　나는 대학에서도 학생들에게 말하였다. 자네들이 마구 쓰레기
를 버리고, 유리창을 깬다면, 그것은 결국 자네들의 등록금 인상
의 요인이 된다는 것을 왜 모르느냐. 등록금은 올리지 말고, 재
단더러 전입금을 늘이라고 주장하지만, 재단은 무슨 재미가 있어
전입금을 자꾸 늘이나. 이사장이 학교에서 월급을 받나, 자기 손
자를 특례로 이 학교에 입학시킬 권리가 있나. 도대체 왜 자꾸만
학교에 돈을 내놓아야 하나. 이사장은 죄인이냐. 만약 편법으로

전입금을 만들어야 한다면, 그것은 자네들이 이사장을 죄인 만드는 길이야. 자네들도 모두 성인이니 이제부터는 책임 있는 처신을 해야 한다고.

이제부터는 웬만한 것은 스스로 해결하도록 하자, 이것이 나의 결론이다. 대통령에게 대들기나 하고, 정부더러 문제를 해결하라고만 주장하는 것은 이제 그만두어야 한다. 온 국민이 자기가 할 수 있는 일은 자기가 나서서 해결하여야 한다. 이것이 공동체의식이다. 공동체라고 하면서 남에게나 책임을 떠넘기기나 하는 것은 어른들이 할 일이 못 된다. 이것은 민주주의의 기본이요, 주인의식이다. 이런 공인의식이 없는 사람은 정치를 말할 자격도 없거니와 공무를 담당해서도 안 될 것이다.

사람들은 좀 골치 아픈 일을 당하면, 으레 정권의 실세에 줄을 달아 편법적으로 문제를 해결하려 든다. 이래놓고도 정치의 부패를 거론하고, 법치 아닌 인치(人治)를 비난한다. 정치의 부패요인은 우리가 만들면서 이를 비난하기만 한다면 이것은 결코 온당한 일이 아니다. 노무현 정권 말기에 세상을 떠들썩하게 했던, 이른바 변양균, 신정아 사건이 별 것이냐. 이것은 다 우리의 편법선호주의가 만들어낸 춘사(椿事)에 불과하다. 양심적으로 말해서, 우리 모두에게 그 책임이 있다고, 나는 생각한다.

좌파정권의 퇴장

김대중 정권 5년, 노무현 정권 5년, 도합 10년을 끌던 이 땅의 좌파정권은 지난번 대선을 통해 마지못해 퇴장했다. 이것은 시민전쟁이었다. 현 정권, 전 정권이 모개로 달라붙고, 북의 김정일까지 가세하였으나 대세에 영향을 미칠 수는 없었다. 한나라당의 이명박 후보 한 사람을 둘러싸고 11명의 좌파 또는 친좌파후보들이 사생결단의 난타전을 벌였으나 민심을 움직일 수는 없었다. 초반부터 이명박 후보는 과반수를 넘나드는 고공 여론 지지율을 견지하였으나, 좌파 주력후보는 많아야 10%대를 오르내리는 지지 밖에 못 받았고, 그 밖의 군소후보들은 많아야 2~3%대에 그쳤다. 그 주된 이유는 어디에 있었던가.

첫째로, 김대중, 노무현 정권의 실정이 너무나 컸었다. 이것은 어떠한 궤변으로도 정당화될 수는 없는 일이었다.

둘째로, 좌파는 야당의 이명박 후보에 어금버금한 적당한 후보를 내세우는 데 실패했다. 후보를 단일화하고, 세를 결집시켜, 이 약점을 보완하려 했지만, 이것도 모두 실패했다. 자타가 공인하는 자격 있는 후보를 못 내세우면서, '야당의 집권을 생각하면 끔찍하다'느니, '사생결단으로 이것을 막아야 한다'느니, '전쟁이 난다'느니, 한 것은 잠꼬대에 불과했다. 마지막에 무슨 이유에서 인지, 등장한 이회창도 철저히 여론의 외면을 당했다. 크게 당황한 그는 막판에 세 차례나 한나라당의 박근혜 집을 심야방문하고 그의 지지를 호소하려 했으나, 문전박대를 당하고 씁쓸히 물러섰다. 70이 넘은 그의 쓸쓸한 종말이었다.

셋째로, 그들은 정도를 걷기보다는 증오심을 있는 대로 드러내며, '한방에 보낸다'고, 네거티브전략에만 의존하였으나, 이것은 모두 기민한 이명박 측의 대응으로 헛방이 되고 말았다. 마치 닭 쫓던 개 지붕 쳐다보기 꼴이었다. 원래 좌파들은 '증오의 철학'의 신봉자들이었다.

넷째로, 그들은 국민이 오래전에 졸업한, 민주, 민족에 너무 오래도록 매달렸었다. 마치 다른 것은 다 이 두 가지에 종속되는 하찮은 일로 여겼었다. 왜 통일을 하느냐, 목적이 있어야 했다. 그것을 잊어버리고, 그것에만 매달렸다. 이것은 민심과의 괴리를 낳고 있는 줄을 끝내 깨닫지 못했다. 국민의 눈은 바다 건너 일본으로, 미국으로, 유럽으로, 동남아로 향해 있는데, 그들의 눈은 우리의 등 뒤에 있는 북에만 고정되어 있었다. 미래보다는 과거에 묶여 있었다. 시대착오적이요, 근시안적이었다. 이것으로 국민을 설득할 수는 없는 일이었다. 북은 이미 문을 열어도, 닫아도, 더 이상 지탱할 수 없는, 사라져 가는 체제가 아닌가. 조금만 지각 있는 사람이라면 금방 알 수 있는 일이 아니던가. 노무현은 뒤늦게 김정일이 개혁과 개방이라는 말 자체를 싫어한다는 사실을 알았다고 고백했다. 이것은 차라리 코미디였다.

　대선 개표가 진행 중이던 2007년 12월 19일 저녁, 나는 텔레비전 중계를 보면서, 문득문득 김대중 전 대통령에게 물어보고 싶은 생각이 있었다. 선생께서는 '무호남 무국가'라고 친필로 써 보였었는데, 이것은 도대체 무슨 뜻이냐는 것이었다. 글자 그대로 새긴다면, '호남 없이는 대한민국도 없다'라는 의미인 것 같은 데, 그렇다면 대한민국을 위하여 '있으나마나 한 지역은 어디라는 말이냐'라는 것이었다. 선생께서는 평양으로 김정일도 찾아갔는데, 그 때는 대한민국 대표가 아닌 호남대표로 간 것인지. 그렇지 않아도 좁은 한반도가 남북으로 갈라져 있는 상황에서 대한민국을 '호남, 비호남'으로 갈라놓는 심보는 무엇인지.
　개표의 윤곽이 드러나면서 전라남북도를 제외한 다른 시도는 모두 퍼렇게 색깔이 입혀지는 가운데, 유독 호남만 분홍색으로 칠이 된 것을 보면서, 새삼 당신을 생각하지 않을 수 없었던 것이다. 사실, 이 땅에 최초의 좌파정권을 세운 것도 선생이요, 노무현 정권도 당신의 작품이요, 급조신당을 만들어 정동영 후보를 내세운 것도, 다 선생의 작품이 아니었소. 호남만 틀어쥐고 있으면 선생은 행복합니까 하고, 묻고 싶었다.

　선거기간 중 정동영 후보가 내 건 구호도 지극히 모호했다. 처음엔, '가족이 행복한 나라'를 만들겠다고 했다가 나중에는 '진실이 거짓을 이깁니다' 로 바꾸었다. '가족이 행복한 나라'는 어떤 나라를 의미하는가. 나로서는 도저히 이해할 수가 없었다. '진실이 거짓을 이긴다'는 것도 알 수 없었다. 'BBK 동영상' 이라는 것을 팔러 다니던 사기꾼을 붙잡아 두었다가 경찰에 인계한 것은 한나라당이 아니던가. 무엇이 진실이라는 말인가. 또, 이회창씨는 '반듯한 나라를 창조하겠다'고 내걸었다. '반듯한 나라'라는 것은 어떤 나라인가, 이 또한 알 수 없는 일이었다. '부지런한 이인제, 부자 되는 국민'이라는 것은 어떤 의미인지, 이것도 알 수 없기는 마찬가지였다. 모두가 준비 부족이었다.

큰 표 차이로 당락이 결정된 이 마당에 이르러서는, 패자는 패배를 자인하고, 하루빨리 특검이니, 무엇이니 하는 정치공세를 철회하고, 각자 새 출발을 하는 것이 그나마 민주주의와 신사도에 충실하는 유일한 길이었다. 만약 그렇지 않다면, 승자는 패자에게 아무런 아량을 베풀 의무도 없고, '눈에는 눈, 이에는 이'의 보복정치로 나아갈 수밖에 없을 것이다. 그렇게 된다면 김대중도, 노무현도 결코 편안해질 수가 없게 될 것이 아니냐고, 나는 생각한다.

고소, 고발이 정치인가

나는 오랫동안 정치를 지켜보아 오면서 늘 의문으로 생각해오는 것이 있다. 그것은 고소, 고발이 과연 정치인가 하는 것이었다. 특히 김대중, 노무현 정권에 들어서면서, 대통령과 권력 실세들이, 걸핏하면 직접 또는 간접적으로 고소, 고발장을 검찰에 접수시키며 상대방을 견제하려 하는 일이 빈발하는 사태를 지켜보면서, 한심한 생각이 들었다. 정치는 정치로 풀어야지 그 옳고 그름을 사법기관의 판단에 맡기려 하는 것은 정치의 포기가 아닌가, 하고 느껴졌기 때문이다. 상대방의 주장이 잘못되었다면, 납득이 가도록 해명 또는 설득하면 될 것이고, 아니면, 아예 무시하면 될 것이다. 이 세상에는 온갖 사람이 다 있으므로 일일이 그 이설에 구애될 필요는 없으며, 자기가 옳다고 생각하는 일을 그대로 추진하면 언젠가는 옳고 그른 것이 드러나고 말 것이다. 그런데도 불구하고, 발끈 화를 내고 고소장부터 들고 나선다면 그것은 졸수 중의 졸수이다.

깡패끼리는 주먹싸움이 잦을 것이다. 싸우다가 보면 얻어터지기도 하겠고, 다치기도 할 것이다. 그렇다고 해서, 번번히 상해진단서를 첨부해서 상대방을 고소한다면 그들은 이미 깡패가 아닐 것이다.

고소, 고발이란 권력과는 멀리 떨어져 있는 일반 시민들이나 할 일이다. 권력과는 거리가 있어, 아무런 보복수단을 못 가진 시민 또는 사인(私人)들이, 보복을 국가기관에 부탁하는 행위이다. 그런데도 불구하고, 권력을 이미 자기 손에 쥐었거나, 권력의 상징인 검찰의 지휘권을 확보하고 있는 대통령이나 청와대 실세들이 고소장을 들고 나선다는 것은, 자기는 뒤로 빠지고 자기의 수하사람에게 상대방의 보복을 명령하는 것과 같은 기이한 현상이 될 것이다. 이것은 자기의 현 위치가 어디인지를 인식하지 못 하는 '정치미숙아'들의 소행이다.

지난번 대통령선거에서 여당 후보로 나섰던, 여당의 한 중진 정치인이, 정권초기에 무슨 일인지를 들고 나와 단식농성부터 하는 것을 본 일이 있는데, 이때에도 나는 이 사람이 자기 위치를 정확히 알고나 있는지 크게 의심하였던 것이다. 여당의 중진이면 문제를 만났을 때 자기가 앞장서서 문제를 풀어나가면 될 것인데 그런 노력은 하지 않고 단식농성이라니, 그 문제는 야당더러 나서서 풀라는 것이냐, 이 사람은 자기가 지금 여당이라는 사실을 모르고 있지 않나, 생각되었던 것이다.

이리하여 정권말기까지, 대통령은 고소를 계속하고, 검찰은 그 짐을 떠맡았다. 정치인은 정치를 포기하고, 진짜 정치는 검찰에게 떠넘긴, 이 나라는 검찰 공화국이냐. 그러면 따로 정치인이 존재할 필요성이 어디에 있는 것이냐. 유능한 검사 몇 사람이나 있으면 되지, 정치인은 있어서 뭘 하나.

진실 진실 하지만, 어디까지가 진실이냐. 진실이란 그렇게 쉽게 드러나는 것이냐. 사형폐지론자들이 사형폐지를 주장하는 논거는 여러 가지가 있겠지만, 요컨대 재판으로 드러나지 않은 진실이 더 있을 수 있기 때문에, 섣불리 유죄로 단정하여 사람의 목숨을 끊어서는 안 된다는 것이 아닌가, 생각된다.

나는 젊었을 때 읽었던 〈순교자〉라는 소설을 떠올리게 되었다. 김은국이라는 한국인이 미국에서 영어로 썼고, 당시 세계 각국어로 번역되기도 했던, 이 소설은 6·25전쟁 때 평양에 입성했던 우리 국군의 정보장교가 당시 평양에 있었던 기독교교회 목사 열 명 중 여덟 명은 북측에 의하여 처형되고 두 명만 살아남은 사건 즉 누가 진정한 순교자인지, 누가 배교자(背教者)인지의 진실을 캐기 시작했다가 도중에 조사를 포기한 내용을 담은 내용이었다. 그 책에서 작가는 그렇게 분명히 쓰지는 않았지만, 해설자들은 그의 수사포기 이유를 이렇게 썼다. '추악한 진실보다는 아름다운 환상이 더 낫다'는 것을 그가 발견했다는 것이었다. '추악한 진실보다는 아름다운 환상……' 진실이란, 인생이라는 기나긴 필름의 어느 한 부분을 도려내서 가타부타 판단하는 것에 불과하고, 진정한 진실은 그 필름에 드러난 이상의 부분에 있다는, 철학적 명제가 있다???

사람들은 진실을 밝히라고, 소리치기를 좋아한다. 그러나 진실이란 그렇게 쉽게 들어나는 것이 아니다. 오히려, 우리는 아름다운 환상을 안고 있을 때 더 행복하다. 이것도 진실이다. 진정으로 진실을 밝히려면, 진실을 밝히라고 떠드는 그 사람의 진실부터 먼저 남김 없이 밝혀야 한다.

정치는 정치로 풀어야 한다. 책임 있는 정치인들이 고소, 고발에나 매달리는 것은 정치를 스스로 포기하는 직무유기이다, 원래 정치는 타협이다. 또한, 검찰에도 재량권이라는 것이 있다. 검찰은 기계장치가 아니다. 정치에서 타협을 배제한다면 그것은 전쟁이지 정치는 아니다. 이것이 본란의 결론이다.

국가의 품격

투표일 하루를 넘기니 세상은 달라져 있었다. ‘국민 여러분 정말 감사드립니다, 제17대 대통령 당선자 이명박’ 이라는 플래카드가 걸리고, 사람들의 표정은 확연히 달라졌다. 나는 혼자서 중얼거렸다. ‘여보, 당선자 양반, 당신이 국민에게 감사할 일이 뭐요, 국민이 오히려 당신에게 감사해야지요. 그동안 용케도 수모를 견디고 버텨주었으니 국민이 당신에게 감사해야지요……’ 나도 여러 번 대통령 선거 투표에 참가하였으나 이번처럼 당선자에게 진정으로 감사하다는 생각을 가져본 일은 일찍이 없었다. 한 표가 무슨 대단한 효과가 있을까 만은, 외국에서 살고 있는 나의 막내딸이 전화를 걸어오자, 나는 서슴없이 ‘빨리 돌아와 투표를 하고 가라’고 권유했다. 피차 불소(不少)한 출비를 각오하고 내린 결정이었다.

사람들은 일이 잘 안 풀릴 때, 흔히 제도를 탓하고, 예산부족을 핑계로 삼는다. 그러나 나는 그렇게 생각하지 않는다. 다른 조건을 다 그대로 두더라도, 사람 한 사람만 제대로 들어서면,

살아남을 길이 얼마든지 있다고 확신한다. 김정일이 아무리 핵무기를 보유하더라도, 우리에게 대통령 한 사람만 제대로 된 사람이 앉아 있다면, 겁낼 일이 아무것도 없다고 믿는다. 우리에게 자원이 있었나, 고급 기술이 있었나, 가진 것은 오로지 똑똑하고 부지런한 사람들뿐이 아니었나. 그런데도 불구하고 짧은 시일 안에 이만큼 큰 것은 위아래로 사람들이 있었기 때문이 아니었나. 그 중에서도 위대한 대통령들이 있었기 때문이 아니었나. 그런데, 우리는 모처럼 대통령다운 대통령을 만났다. 이 이상의 경사가 어디 있겠는가. 이 분이 앞으로 좋은 정치를 해 주면 더 이상 좋은 일은 없겠지만, 설사 그렇지 않다고 하더라도, 이번 대통령은 가만히 청와대에 앉아 있기만 해도, 그 자체로 큰 업적이 될 것이라고 나는 생각한다.

우리는 그 동안 참으로 이상한 대통령들을 차례로 모셨다. 김영삼 대통령은 '역사를 바로 세운다', '일류국가를 만든다'고 했다. 역사를 바로 세우다니, 그렇다면 그동안 우리 역사는 누어있었다는 얘기냐. 일류국가를 만들다니, 어떤 나라가 일류국가냐, 모두 애매모호한 슬로건이었다. 그 이후의 김대중, 노무현 대통령에 대해서는 누누이 언급할 것도 없다. 오직 부끄러울 뿐이었다.

국가에도 품격이라는 것이 있다. 이분들은 모두 대한민국이라는 국가의 품격을 심히 떨어뜨렸다. 어언 15년이라는 기나긴 시간을 허송세월로 보냈다. 남들 뛰는데 보조만 맞춰도 본전인데 오히려 뒷걸음질만 쳤다. 대오에서 크게 낙오했다. 이번에도 그

것을 되풀이하는 결정이 내려진다면 우리는 구제불능이 될 뻔했
다. 이 절체절명의 막다른 골목에서 우리는 간신히 빠져나왔다.
우선 각국의 반응에서 우리나라의 품격은 급격히 향상됐다. 앞으
로, 이것이 우리가 살아날 토대가 될 것이다. 이명박 당선자는
미처 청와대에 들어가기도 전에 커다란 업적을 쌓은 셈이다.

그는 개인 사무실에서 조지 부시 미국 대통령의 당선축하 전화
를 받았으며, 처음에는 통역을 통해 대화를 하다가 나중에는 영
어로 직접대화를 했다. 후쿠다 일본 수상과도 통화했고, 주한 러
시아 대사의 방문을 받았다. 특히 러시아 대사는 이 당선자가 20
여 회나 러시아를 방문했었다면서 친밀감을 표했다. 건설 수출을
통해 아랍제국의 지도자들과도 광범위한 인맥을 쌓아놓고 있다
는 사실이 들어났다. 이것은 전임 대통령들과는 크게 다른 그의
면모를 보인 사례들이었다.

국가의 품위를 높이고 낮추는 일은 주로 그 나라의 간판스타인
국가원수의 몫이다. 아무리 대국이라도 국가원수의 언동이 수준
낮은 것이라면 국가의 품위도 낮을 것이며, 아무리 소국이라도
그 나라 국가원수의 언동이 높은 수준이라면 당연히 높아진다.
국가의 품격이 낮아가지고는 그 국가의 국제 신인도가 높아질 수
가 없다. 국가의 신인도가 낮아가지고는 국제사회에서 제 대접을
받을 수가 없다. 이것은 지극히 당연한 국제사회의 상식이다. 이
제, 우리는 앞으로 국제사회에서 제 값을 받게 될 것이다.

정치는 주로 말에 의해 이루어진다. 대통령이 의미불명의 말을
쓰거나, 저속어 쓰기를 즐긴다면 국가의 품격이 높아질 수가 없

다. 대통령은 국가라는 큰 배의 항로를 결정하는 항해사이며, 전 세계가 주목하는 '내비게이터' 이다. 그러므로 그의 언행은 신중해야 된다. 되도록 즉흥연설은 피하고, 신중히 퇴고된, 정제된 언어를 써야 한다. 대통령뿐 아니라 책임 있는 모든 정치인은 국가의 품격을 높이는 데 기여해야 한다. 정치인뿐 아니라 모든 국민도 국가의 품격을 높이는데 합당한 언어를 써야 한다. 이것이 그 국민의 교양수준이다. 그런 의미에서 나는 책임 있는 정치인은 발언을 하기 전에 반드시 격조 있는 스피치 라이터의 도움을 받기를 권고한다. 따라서 즉흥연설은 금기이다. 만약 혼자서 잘난 척하지 않았다면 '무호남, 무국가' 같은 실수는 하지 않게 되었을 것이다.

근래, 매스 미디어에는 '유명세를 탄다'라는 말이 유행이다. 여기서 '유명세'라는 것은 '유명해진 덕택으로 감수해야 하는 부담'이라는 뜻이다. 세는 '稅'이다. 따라서 '무는 것'이지, 탈 수는 없는 것이다. '뽀록 났다'고도 흔히 쓴다. '뽀록'은 일본말의 '보로' 즉 '누더기'라는 뜻이다. 감춰놓았던 약점이나, 결점이 노출되어 부끄럽다는 의미가 된다. 말의 근본도 모르고 마구 쓰고 있으니 한심하다. 일반 국민들도 국어사전을 항상 가까이 두고 애용해야 한다. '몸값'이라는 말도 아무런 주저 없이 마구 쓴다. 사람이 푸주간에 걸린 살코기냐. '엽기적'이라는 말도 유행이다. 엽기적이 아닌 것을 가지고도 엽기적이라고 쓰는 것은 무슨 엽기적 사건이냐.

다시 한번 강조하거니와, '정치인들이여 스피치 라이터를 활용

하라'. 이것은 그대들이 국가의 품위를 높이는데 기여하는 최소
한의 예절이다.

중국이라는 나라

한때, 소련공산당을 가리켜 '수정주의자들'이라고 비판하던 모택동이 갑자기 '문화대혁명'을 일으켜 중국을 발칵 뒤집어놓고 있던 무렵 나는 성곡언론재단 장학금으로 일본 동경대학에 가있었다. 일본의 신문, 방송들은 연일 중국특집이었다. 나는 이때 '비공비림(批孔批林)'이라는 슬로건을 보고 크게 놀랐다. 비공비림이란 그들이 타도해야할 대상이 '공자'와 '임표'(林彪)라는 의미였다. 임표는 모택동의 정적이니 그렇다 치고, 공자까지 죽이자니 이 무슨 일인가. 나는 그때까지도 중국 하면, 우리에게 불교를 전해준 나라, 유교를 전해준 나라로 알고 있었다. 이해관계보다는 대의명분, 정신적 가치를 더 중시하고, 의리에 살고 의리에 죽는 사람들로 알고 있었다. 그랬는데, 그들이 중국사상의 근간인 공자를 죽이자고 하니 알 수 없는 일이었다.

그러더니, 등소평(鄧小平)이 집권하자, 이제는 '흑묘백묘론'(黑猫白猫論) 즉, '검은 고양이건 흰 고양이건 간에 쥐 잘 잡으면 그만이다'라는 논리를 들고 나와, 친미주의, 자본주의 시장경제로 급선회했다. 나는 그저 멍했다. 과연 중국인이란 어떤 사람이며, 중국이란 어떤 나라인가, 생각해보지 않을 수가 없었다. 그로부터 40여 년, 나는 한 가지 깨달음에 도달했다. 중국인은 애당초 공산주의자가 될 수 없는 사람들, 철저한 현실주의자, 철저한 개인주의자, 장사꾼들이 아닌가 하는 것이었다. 도의를 중시하는 공자, 맹자보다는, 마음의 평안을 가져다준다는 도교(道敎) 신자들이 더 많고, 마을마다에는 주민들의 재산을 지켜주고, 사람들에게 재운(財運)을 가져다준다는 관운장(關雲長) 신당이 더 많은 나라라는 것도 나중에야 알았다.

　이것을 모르고는, 그들이 이토록 급속히 자본주의 시장경제에 적응할 수 있었던 이유를 알 수 없다. 물론, 그들은 자본주의 시장경제라 하지 않고 '사회주의 시장경제'라고 자칭하고 있지만, 시장경제는 시장경제이다. 시장경제란 '계획경제의 포기'를 의미하고 계획경제의 포기는 사회주의의 포기를 의미하는 것이 아닌가. 내가 아는 많은 사람들이 그동안 중국에 진출하여 쓰라린 고배를 마셨다. 그들은 이익이 있으면 어떠한 수모도 감수하며, 어떤 내용의 계약서에라도 도장을 찍지만, 별 볼일 없다고 판단되면, 어떤 무도한 일이라도 주저치 않고 감행하는, 철두철미한 현실주의자들이라는 것이었다.

　나는 1985년 봄 처음으로 북경을 방문했다. 그때는 일반 관광객들이 중국에 몰려가기 훨씬 전이었다. 나는 자금성(紫禁城) 내전에서 희한한 문자들을 발견했다. 전각의 편액에 한자와 함께 써진 글자들이었다. 이것은 '만주어(滿洲語)'라는 것이었다. 청

(淸) 왕조의 황제와 그 측근들은 자금성 내전에서는 그들의 고유한 언어인 만주어를 썼다는 증명이었다. 만주는 지금은 '동북3성'이라고 일컬어지고 있지만, 이민족(異民族)의 나라였다. 한족(漢族)은 거기 가서 1년 이상의 체류가 금지된 딴 나라였다. 이민족이 쳐들어와 자금성의 주인이 되었지만, 한족은 그다지 반발하지 아니했다. 어차피 자금성 주인은 누가 되던 되는 것이니 상관없고, 자기네에게 되도록 해나 끼치지 말라면서, 편안히 장사에나 몰두했다. 그 전에는 원(元) 왕조가 있었다. 원은 몽골족이었다. 그래도 아무 일 없이 받아들여졌다. 아마도 우리 조상들이었다면 조용히 있지 않고, 난리를 쳤을 것이었다. 이 얼마나 현실주의자들이냐. 나는 소년시절 〈보리와 병정〉이란 소설을 읽었다. 일본군이 중국대륙에 쳐들어갔을 때, 가도가도 끝없이 펼쳐진 보리밭에 질렸다는 내용이었다. 이때 중국 사람들은 마을마다 플래카드 한 장씩을 준비해놓고 있었다고 적혀 있었다. 문구는 간단했다. '귀군 환영'이었다. 어느 군대가 쳐들어오든 좌우간 '귀군 환영'을 내걸면 그만이었다. 술과 밥을 대접하고 무사히 지나가기를 빌면 그만이었다는 것이다.

이밖에 중국에 관하여 쓰고 싶은 사실이 많으나, 여기에 일일이 쓰는 것은 그만두고자 한다. 그것을 하자면 별도로 책 한권을 쓰는 것이 합당할 것이다. 요컨대, 중국인의 상식과 우리의 상식 간에는 공통적인 부분보다는 서로 다른 점이 더 많다는 것만 지적하는데 그치고자 한다. 같은 한자문화권이라는 생각은 현실과 맞지 않은 점이 너무나 많다. 나는 이러한 차이가 남북한 간에도 많이 존재한다고 생각한다. 서양과는 60년 이상 문을 닫고 살았기 때문에 어떤 의미에서는 북한과 중국 간에는 공통점이 더 많지 않나 생각되기도 한다. 오히려, 한국 사람의 행동양식에는, 같은 민족이라는, 북보다는 미, 일과의 공통점이 더 많다.

마지막으로, 한 가지만 더 추가하자면, 중국인은 어떤 경우에도 그들의 본심을 솔직히 들어내 놓지 않는다는 사실이다. 이것을 상징적으로 나타내는 말이 이른바 '지상매괴'(指桑罵槐)이다. '지상매괴' 란 '뽕나무를 가리켜 괴목이라고 비난한다'는 뜻이다. 뽕나무란 누에의 먹이가 되는 나무를 말하고, 괴목이란 가로수로도 심고, 그 재목은 가구의 재목으로도 쓰이는 회화나무이다. 전혀 다른 나무이다. 그런데도 불구하고, 중국인은 화가 나면, 뽕나무를 회화나무라고 간접적으로 말하기를 좋아한다고 해서 생겨난 말이다. 그러므로 중국인이 무슨 말을 하면, 곧이곧대로 알아듣고 대응할 것이 아니라, 그 말이 왜, 누구 입에서, 무엇 때문에, 언제 나왔는지를 먼저 알아본 다음에 대응해야 한다는 것이다. 예를 들어, 야스쿠니 신사참배를 반대한다고 하면, 그것에는 신사참배 자체를 문제 삼는 것이 아니라, 우선 그들이 국내적으로, 그리고 국제적으로 반드시 노림수가 따로 있다는 뜻이 된다는 것이다.

지금 그들이 북의 핵개발을 저지하는 중재자 역할을 하는 것 같지만 그 이면은 그리 단순하지 않다는 사실을 알아둘 필요가 있다.

'조선민주주의인민공화국'

김정일의 나라의 공식명칭은 '조선민주주의인민공화국'이다. 그러나, 이 이름은 그들의 실체를 전혀 반영하고 있지 않다는 사실을 제대로 알고 있는 사람은 그리 많지 않은 것 같다. 그동안 그들에게 무조건 추종하던, 이른바 좌파 친북주의자는 물론, '투항적 우리 민족끼리 주의자'들도 전혀 이 사실에는 눈을 감고 있다. 북조선에 '민주주의'는 있는가, 있다고 말하는 사람은 아무도 없을 것이다. 인권을 보장받고 있는 '인민'은 있는가. 이것 역시 있다고 말할 수 있는 사람은 아무도 없을 것이다. 마지막으로, 그것은 '공화국'인가. 공산주의 국가 중에서도 그 유례를 찾아볼 수 없는 유일 세습 독재 왕국이 아닌가. 그렇다면 남은 것은 무엇인가. 그것은 오로지 한 가지, 그 소재지가 '조선'이라는 점뿐이라고 하겠다.

이 이름이 그들의 가식적인 실체를 유감없이 말해주고 있는 데도, 우리는 이 사실을 망각해 왔으니 실로 한심한 일이다. 그동안 우리 언론매체들은 무슨 이유에서인지, 그들의 수장인 김정일을 가리켜 '김정일 국방위원장'이라고 불러왔다. 어느 나라를 지키는 국방위원장이라는 말인가. 김대중, 노무현 대통령이 평양을 찾아갔을 때도 '남북영수회담'이라고 불렀다. 우리나라는 정당한 민주절차를 밟아 선출된 대통령이지만, 김정일은 언제, 어떤 민주적 절차를 밟아 수장이 된 사람인가. 전혀 동렬에 놓고 거론할 수 없는 사람을 같은 위치에 있는 양 착각하게 하는 언론이 아니었던가 반성해야 할 일이었다.

이런 사람을 상대로 그동안 '햇볕정책'이니 뭐니 하며, 일방적인 퍼주기를 일삼아 왔다. 그러면 '퍼주기'의 효과는 있었던가. 그런대로 효과가 있었다고 말하는 사람은 몇몇 친북좌파들뿐일 것이다. '햇볕정책', '퍼주기' 정책의 목적은 겹겹이 옷을 껴입고 개방사회에 나서기를 꺼리는 그들에게 온정을 베풀어 개방사회로 유도하여, 핵개발을 스스로 포기하게 하는 것이라고 했다. 그러면 핵개발은 포기하였는가. 그들의 주장대로 핵은 대미협상용인가. 미국은 그들의 개방을 반대하고 있는가. 그들이 핵폭탄을 가지고자 하는 것은 대미협상용도 아니고 일본에 겁을 주기 위한 것도 아니다. 그들을 아무도 건드리지 못하게 하기 위한 '체제유지용'이며, 대한민국에 침공하기 위한 '통일용'이라는 것은 자명한 일인데도 이를 망각하고 있으니 이것은 우리의 무지를 이용하려는 수작에 불과하다.

그들은 그때까지도 자기네 편인 줄 알았던 중국이 한국과 수교를 하자, 중국도 믿을 수 없고, 이제는 '믿을 것은 핵폭탄 밖에 없다'고 말했다. 경제력에 있어서나, 군사력에 있어서나, 도저히 한국을 당할 수가 없다는 사실을 아는 그들로서는, 우리의 좌파들이 말하던 대로, 한방에 한국을 꺾으려면 핵폭탄밖에 없다고 믿었던 것이다. 이것도 모르고 퍼주기 정책을 물려받아 오던 노무현이 뒤늦게야 김정일이 개혁이니 개방이니 하는 말 자체를 싫어 한다는 것을 알았다고 고백한 것은 그가 얼마나 북을 모르는 사람이었던가를 실감케 하는 사실이었다. 그들은 6·25전쟁 때부터 핵 가지기를 열망했고, '개혁이니 개방이니 하는 것은 모두 우리를 넘어뜨리려는 자들의 수작에 불과하다'고 공언하고 있었던 사실을 간과한 무식의 소치이다.

햇볕정책, 퍼주기 정책이 실패한 또 다른 이유는 이른바 통일에 앞장섰다는 우리의 일부 정치인, 사이비 지식인들의 사진 찍기 제일주의이다. 그들은 우리 국민에게 자기가 통일에 앞장서고 있다는 사실을 알리고, 기록해두기 위하여, 김정일 또는 그 일당들과 나란히 서서 사진 찍는 데 주안점을 두고 있었다. 회담의 성과에는 아랑곳하지 않고, 오직 그들이 노리고 있는 것은 사진 찍기이다. 그들은 '만나는 것 자체에 의미가 있다'고 말한다. 만난다는 것은 무슨 말을 하기 위한 수단이며, 만났다면, 제대로 말이라도 하고 와야 할 것인 데도, 아무 말도 못하고, 오로지 사진만 찍으면 그만이다. 통일을 하려면 골치 아픈 일이 한 두 가지가 아닐 터인데도, 그런 차분한 노력은 남들에게 떠넘기고, 오직 사진만 찍으면 그만이었다.

그러므로 통일한다고 나서는 정치인들을 믿어서는 절대로 안된다고 나는 생각한다. 마치 양극화 현상의 극복이 시급하다고 말하는 것 자체로 양극화가 해소되는 것으로 믿고 있는 것 같은 얄팍한 정치인들을 경계해야 하듯이⋯⋯. 양극화 해소에는 경제를 성장시켜 국민에게 직장을 제공하는 것이 첩경이다. 일자리 창출이라면서 세금으로 공무원 수만 늘리면 다냐.

진정으로 통일을 추진하려면, 퍼주기만 할 것이 아니라, 그들을 좀 더 배 고프게 내버려 두어야 한다. 그리고, 인류 보편의 가치인 민주주의와 인권과 시장과 세계를 알게 해야 한다. 그러려면, 할 말은 하고, 타이를 것은 타일러야 한다. 우리의 힘이 그들보다는 월등히 세다는 사실도 알게 해 주어야 한다.

금강산 관광

　그 진부는 알 수 없지만, 옛날 중국 사람들은 우리 금강산 와
보기를 소원하는 사람이 많았다고 한다. '원생 고려국, 일견 금
강산(願生 高麗國 一見 金剛山)'이라는 말이 남아 있다. 나는 금
강산 가는 것은 꿈도 못 꾸던 시절, 그 바로 남쪽에 있는 설악산
을 여러 번 다녀왔다. 그 중 봉정암까지 간 것만도 네 번이나 된
다. 부처님의 진신사리가 모셔졌다는 봉정암에 세 번만 참배하면
극락 가는 것은 보장된다는 얘기도 있다. 그렇다면, 나는 이미
극락 가는 입국허가는 받아놓고 있는 사람이다.

　금강산 가는 길이 열리자, 나는 재빨리 금강산을 다녀왔다. 그
러나 가 보고는 크게 놀랐다. 아름다운 계곡 암벽 곳곳에 낙서가
되어 있었기 때문이다. 글자 한자의 크기가 사방 1 미터는 족히
넘는 큰 글씨로, '위대한 수령'을 찬송하는 글귀가 새겨져 있고,
글씨마다에는 벌겋게 페인트칠이 되어 있었다. 김일성 수령이 아
무리 위대하다고 하더라도 이럴 수가 있나 라고 생각했다. 그것
도 한두 군데가 아니다. 사람들의 눈이 갈만한 곳에는 반드시 있

었다. 내가 알기로 지구의 역사는 36억년인가 된다고 하는데, 금
강산이 생긴 지는 얼마나 되는지는 알 수 없지만, 줄잡아도 수억
년은 될 것이다. 그 기나긴 세월, 아무 탈 없이, 옛날 그 경관이
잘 유지되어 왔는데, 김일성이 살던 불과 몇 십 년 사이에 이것
을 전부 망가뜨렸으니, 이것은 무슨 흉측한 일이냐. 우리는 지금
자연보호, 환경파괴를 큰 죄로 여긴다. 다른 것 다 용서한다고
하더라도 김일성이 금강산 파괴한 죄는 영원히 지울 수가 없을
것이다.

김정일은 남한 사람들이 이러한 금강산을 와 보면 그의 아버지
가 얼마나 위대한 인물이었던가, 하는 데 크게 감명을 받을 줄로
착각했을지 모르지만, 우리 눈으로 보기에는, 이것은 그들이 감
추어 두고 있어야 할 치부이지, 자랑거리로 내세울 부분은 절대
로 아니라고 생각했다. 오히려 이것 한 가지만 가지고도 반공교
육이 저절로 된다고 나는 생각했다.

나는 당시 배편으로 그곳에 갔다. 저녁에 동해항을 떠난 배는
아침 일찍 고성항에 도착했다. 고성항은 그들의 대남 잠수정이
남한으로 발진하던 최전방 군사기지라고 했다. 벌겋게 녹슬어 있
는 항구는 불빛 하나 없는 암흑천지였다. 차차 날이 밝아오자 구
태여 망원경을 쓰지 않더라도 내 눈에는 선명히 그들의 건물 벽
에 써 붙여진 글귀들이 보이기 시작했다. '철통같이 수령을 호위
하자', '우리는 당이 하라 하면 한다', '가는 길 험난해도 웃으며
가자……', '가는 길 험난해도 웃으며 가자'??? 이것은 젊은
그들이 사지로 떠나면서 마지막으로 남겨놓은 유언이 아닌가.

항구에서 온정리 가는 길 양옆에는 높은 철조망이 쳐져 있고, 철조망 저쪽에는 키 작은 군인들이 일정한 간격으로 늘어서서 이 쪽을 바라보고 있었다. 이쪽을 바라보는 것이 아니라 그들 쪽을 오가는 북한 주민들의 접근을 경계하고 있는지 모를 일이었다. 방한복을 입어야 할 계절인데도 그런 장비는 지급되지 않은 것 같았다. 어쨌든 그들의 몸집은 작았으며, 배도 고픈 것 같이 보였다.

나는 금강산을 다녀온 이후 오랫동안 착잡한 심경이었다. 북이 얼마나 궁했으면 대남 잠수정 발진기지인 고성항까지 남쪽에 개방했을까 하는 것과, 그들이 아직도 대남 무력도발 의지를 가지고 있는가 하는 의문이 남았다.

그후 시간은 한참 지났지만, 우연히 일본의 NHK가 방송한 시사 다큐멘터리를 보고, 또한번 깊은 상념에 빠졌다. 조선대학교의 부총장을 10여 년간 지냈다는 한 조총련계 재일동포를 주역으로 제작된 이 프로그램에서, 북조선의 홍보선전물을 철석같이 믿고, 20여명의 제자들을 적극 설득하여 북송시킨 그가, 그 후 북에 직접 가 보고는, 그것이 크게 잘못되었다는 사실을 깨닫고, 지금까지 큰 죄책감을 씻지 못하고 있다는 사실을 고백하고, 북에서 사적으로 만났던 친지들에게 다음과 같이 말하였다고 술회하는 장면도 있었다.

'정권이 일어서라 하면, 일어서고, 떠들어라 하면 떠들면서, 어떻게 하든, 끝까지 살아남으시오……'

나도 북한의 동포들에게 이 말을 그대로 전하고 싶어졌다. '이북 동포들이여, 그들이 일어서라 하면, 일어서고, 앉으라 하면, 앉고 해서, 어떻게든지 끝까지 살아남으십시오. 시작이 있으면 반드시 끝이 있습니다. 끝은 의외로 빨리 올 수도 있습니다.'라고.

그러고는 생각했다. 나는 우연히도 남한에서 태어난 덕택으로 이만큼 큰 고생 안 하고 살아온 것을 감사하게 여기고 있다. 그리고 '북이 좋다고 떠드는 분들이여, 세상을 시끄럽게 할 것이 아니라 언제든지 그곳으로 가서 잘 사시오. 당신들을 붙잡고 있는 사람은 아무도 없지 않소. 인천공항까지만 가면 될 것을, 왜 그리로는 가지 않고 나라를 휘젓고, 떠들기만 하시오'. 그러나 '아마도 당신들은 북에서도 별로 환영받지 못하는 사람들로 분류되고 말 것이오.'

나는 지금도 가끔 생각한다. 머지않은 장래에 통일이 되면, 우리의 자손만대를 위해 금강산의 김일성 낙서는 반드시 지워져야 한다. 이를 지우려면 막대한 양의 시멘트가 들 것이고, 화강암 암벽에서 쉽게 분리되지 않는, 특수 시멘트를 개발하거나 특수공법이 개발되어야 할 것 같다는 걱정이다.

경제 대통령

그동안 우리 대통령들은 자기네 정권의 이름 짓기를 좋아했다. '제3 공화국'이라고도 했고, '국민의 정부'라고도 하더니, 노무현 정권에 이르러서는 '참여정부'라고 하기도 했다. 그중 '국민의 정부'란 무슨 뜻이었던지는 나는 지금도 그 의도를 잘 모르겠고, '참여정부'는 정말로 알 수 없는 이름이었다. 온 국민이 정권에 참여하도록 하겠다는 취지라면 이것은 애당초 실천 불가능한 목표를 내세운 것이거나 거짓 목표를 내세운 것일 수밖에 없고, 그것을 알면서도 그렇게 내세웠다면, 내세운 사람들의 진실성이 의심된다. 이른바, '코드 인사'와 '참여'는 어떤 관계인가.

선거운동 기간 중 내내 '경제대통령'을 내세웠던 이명박 정부는 정권 인수위원회가 구성되면서, 따로 정권의 이름을 짓던 관행을 따르지 않고, 다만, '이명박 정부'라 부르기로 결정했다 하니, 무엇보다도 솔직해서 좋다. 이명박 정부와 경제 대통령, 이것은 지극히 간단명료하게 양 측면을 아우른 말인 것 같다.

그렇다면 경제 대통령이란 어떤 말인가. 사람들은 제각기 따로 따로 사는 것 같지만 반드시 일정한 인간관계 속에서 살아간다. 가정에서는 가장이요, 직장에 들어가면 과장이요 사장이다. 따라서 인간관계를 떠나서는 그 존재가 불가능하다. 그래서 '인간관계론'이라는 학문이 성립한다. 인간관계 외에도 경제관계라는 것이 있다. 인간관계라는 것은 사람과 사람과의 관계이며, 경제관계란 돈과 돈, 물건과 물건, 돈과 물건의 관계를 말하고, 경제관계를 구명하기 위해서는 경제학이라는 학문이 존재한다. 그러나, 인간관계론과 경제학은 별개의 분야가 아니라 결국은 인간관계론 하나로 귀착된다고 나는 생각한다.

돈과 돈, 물건과 물건, 돈과 물건을 움직이는 것은 그 뒤에 있는 사람이 있기 때문이며, 그 사람도 혼자 떨어져 있는 것이 아니라 한 무더기의 인간관계 속에 있는 사람이기 때문에, 경제를 죽이고 살리는 것은 사람과 사람과의 관계가 아닌가.

인간관계가 원만치 않으면 경제의 흐름도 여의치 않을 것이며, 인간관계가 좋으면 경제도 원활하게 흐를 것이다. 아무리 대통령이 '통 큰 투자를 하라'고 소리쳐도 그 말에 진실성이 없다고 생각되면 투자는 안 할 것이다. 무신불립(無信不立)이다. 경제는 숫자 계산의 문제가 아니라, 결국은 '신뢰'라는 심리학적 명제가 좌우하는 것이다. 믿고 안 믿고는 숫자의 문제가 아니다. 경제전망이라는 것도 결국은 심리의 문제이다. 경제학에서는 '경제외적 요인'이라는 용어가 쓰여지지만, 이것이 어찌 경제외적 요인인가. 경제 그 자체가 심리적 요인으로 움직이는 것이 아닌가. 앞으로 석유값이 오를 것 같다고 생각하는 사람이 많으면 오르는 것이요, 안 오를 것 같다는 사람이 많으면 안 오를 것이다. 이런 심리적 요인을 배제하고 나면 경제학은 미신이 되고 말 것이다.

앞으로 이명박 대통령의 말이 국민의 신뢰를 얻는다면, 그는 그것만으로도 경제 대통령으로 성공하게 될 것이고, 아무리 그럴 듯한 정책을 제시한다고 하더라도 국민의 신뢰를 못 얻으면 경제 대통령으로 성공하지 못할 것이다. 다행히 이분은 자신을 경제 대통령이라고 믿게 하는데 좋은 여건을 갖추고 있다. 가령, 평생을 법조계에서 살아온 사람이 자신은 앞으로 경제 대통령이 되겠다고 약속한다 해서 이를 믿을 사람이 있겠는가. 길거리에서 반대데모만 하던 사람이 앞으로는 경제를 살리는 대통령이 되겠다하고 말한다고 해서 이를 믿는 사람이 있겠는가. 따라서, 경제 대통령은 일조일석에 될 수는 없는 일이다.

우선, 경제계의 현안에 정통해야 하고, 경제를 움직이는 국내외의 여러 사람들 속에 든든한 인맥을 갖고 있어야 한다. 이제부터 경제공부를 시작한다고 해서는 임기 5년은 너무나 짧다.

나는 이분이, 대통령 당선증을 받은지 1주일만에, 전경련 회장단과 가진 간담회에서 이미 경제대통령으로서의 취임식을 가졌다고 생각한다. 늘 우중충한 인상을 주던 어떤 재벌 총수의 표정이 이때 처음으로 환해진 것을 보고 그것을 실감했다.

대통령은 물론, 지도자는 모두가 일종의 심령술사이다. 특별히 어떤 말을 하지 않더라도, 그가 어떤 심성의 소유자인지를 알기만 하면, 그 아래 있는 사람들의 행동이 달라진다. 이것을 보고, 나와 다른 결론을 내리는 사람도 있겠지만, 나는 이명박 대통령의 예리한 눈초리에 주목한다. 이분으로부터는 '한다면 한다'라는 강한 인상을 받고 있다. 나는 이 인상에 기대를 걸고 있다.

경제를 살리려면, 무엇보다도, 대기업부터가 투자를 활발하게 하도록 여건을 조성해야 한다. 여건조성은 정부의 몫이다. 투자가 있어야 직장이 생긴다. 투자가 위축되면, 있던 직장도 없어진다. 결국 국민은 더욱 가난해진다. 이 원리를 모르고 재벌 규제가 국민이 잘살게 되는 무슨 비법이라도 되는 것처럼 떠드는 것은 경제의 본질을 너무 모르는 안일한 언설이다.

정치적 안목을 기르는 방법

　'정치적 안목을 기르는 방법'이라는 주제를 놓고, 벌써 며칠째 혼자서 고민하던 나는 어느 날부터인가 내가 타고 다니는 버스 차내 광고 문구에 내 귀가 솔깃해지는 것을 느끼고 있다. 일정한 장소를 통과할 무렵이면, 반드시, 다음과 같은 광고방송을 듣게 된다. '무슨무슨 은행의 아무개입니다. 고객님이 하시는 일이 무엇이든, 반드시 능력 있는 은행을 만나야 합니다. 아무 은행의 능력을 믿으세요. the bank 아무은행……' 누가 만든 문구인지는 모르지만 참으로 설득력 있는 광고 카피이다. 'the bank'는 '은행 중의 은행' 이라는 뜻이고, '고객님이 무슨 일을 하든 반드시 능력있는 은행의 도움을 받아야 한다'라는 것은 자본주의의 상식이다.

　나는 생각했다. '이 책의 독자가 무엇을 하는 사람이건 반드시 정치적 안목을 갖추어야 한다' 라고. 우리나라처럼 역동적이고 변화무쌍한 나라에서 살아가려면 반드시 정치적 안목이 있어야 한다. 그러나 정치적 안목을 길러주는 방법을 가르쳐주는 참고서는 어디서도 팔고 있지 않고, 이것을 가르치는 학교나 학원도 없다. 게다가, 이것을 알고 있다고 자부하는 사람이 있다고 하더라도 그 사람은 이를 공개적으로 말하거나 한권의 책으로 저술하려 하지는 않을 것 같다. 이것은 대단히 위험한 일이기 때문이다.

그렇다면 방법은 없는가. 나는 그렇지는 않다고 생각한다. 다만, 이것이다 하는 '왕도(王道)'가 없을 따름이다. 아무리 학식이 풍부하다고 하더라도 번번이 헛짚는 사람이 있는가 하면, 거의 문맹에 가까운 사람도 어떤 동물적 직감으로, 자기의 전망을 적중시키는 사람도 있는 것을 나는 안다. 따라서, 일조일석에 정치적 안목을 갖추기는 쉽지 않고, 장기적인 노력의 뒷받침이 있어야 한다는 것을 먼저 염두에 둘 필요가 있다.

가장 손쉬운 방법은 텔레비전방송에 너무 의존하지 말고, 주로 신문을 읽어야 한다는 것이다. 그것도 신문을 한가지만 구독할 것이 아니라 반드시 복수의 신문을 정독할 것을 권장하고 싶다. 신문기사 중에서도 권말의 오피니언 페이지에 실린 기사들, 그 중에서도 그 신문의 사설을 꼭 읽으라고 말하고 싶다. 번거롭다고 생각하지 말고 비슷한 아이템을 비교하며 읽어야 한다. 그렇게 하고 있으면, 어느새 자기의 의견이 정립되는 것을 느끼게 될 것이고, 그때쯤 가서는 자기의 취향에 맞는, 질 높은 신문을 한가지만 골라도 될 것이다. 사람들은 대개 사설읽기는 회피한다. 그러나 사설처럼 그 무렵의 기사 중에서 중요한 기사를 골라 짧게, 집중적으로 해설해주는 기사는 없다. 이것만 읽으면 다른 기사는 읽을 필요도 없다는 것을 알게 될 것이다.

둘째, 남의 말을 잘 들어줄 필요가 있다. 사람들은 남의 말을 듣기보다는 자기의 의견을 먼저 말하기를 좋아한다. 그러나, 그래가지고는 그 이상의 발전은 없다. 사람들은 자기 말을 잘 들어주는 사람을 좋아하기 때문에, 그러한 사람에게 새로운 정보나 의견을 말하기를 좋아하는 법이다.

셋째, 정치와는 언제나 일정한 거리를 두어야 정치가 잘 보인다. 밀착하면 보이던 것도 잘 안보이게 된다. 나는 근래에 이른바 정치캠프 여기저기에 참여한 후배 언론인들의 거취를 보면서 느끼는 점이 많다. 몇 십 년 동안 신문에서 정치전문기자로 종사하던 후배들이 연달아 지는 쪽의 캠프에 참여했다가 실패한 사례를 발견한다. 이것은 무슨 까닭이냐. 이것은 모두 그들이 너무 정치를 밀착해서 본 때문이 아닌가 생각한다. 바둑을 두는 사람은 '장고(長考)끝에 악수(惡手)를 놓는다'는 말을 알 것이다. 따라서 사물을 바로 보려면, 반드시 일정한 거리를 두어야 한다는 것을 증명하는 사례가 아닌가 라고 생각한다.

넷째, 지하철역 앞에서 무료로 나누어 주는 무료신문이나 스포츠신문, 텔레비전뉴스는 되도록 보지 말고, 유료신문, 종합시사잡지를 사서 더 열심히 읽어야 한다. 세상에 공짜처럼 비싼 것은 없다. 그것은 반드시 시간 낭비를 조장한다. 방송내용이 적당하느니 않느니 평론하며 시간 낭비를 하지 말자. 그것은 내가 아니라도 다른 사람들도 다 하는 얘기들이다.

다섯째, 역사를 알고, 인생을 사색하자. 그러면 길이 보일 것이다. 어떠한 사회현상에도 역사는 반드시 있다. 이것을 도외시하고 세상 돌아가는 일을 평론한다는 것은 헛바퀴 굴리는 일이다. 나는 최근 파키스탄에 들어갔다가 피살된 부토라는 여성의 기사를 보면서, 그분이 왜 지금 그곳으로 돌아갔나 라고 생각했다. 무샤라프라는 현역군인이 정권을 잡게 된 배후에는 반드시 그만한 이유가 있다고 생각하는 사람 중의 한사람이다. 이슬람국가는 대개 빈한하고, 사람들은 직장이 없고, 먹을 물도 없으며, 문맹률이 높은 나라, 같은 이슬람이라도 종파만 다르면 '지하드'를 감행하는 나라들인데, 그곳에서 서방식 민주주의가 그대로 통할 수 있는 나라들인가. 귀국에 앞서 이 점에 대한 깊은 성찰이 선행되어야 했다고 생각한다.

사람들은 모두 한가지 이상의 전문분야를 가지고 있다. 어떤 사람은 싸고도 좋은 물건 잘 사는 전문가, 어떤 사람은 교육문제의 전문가, 또 어떤 사람은 증권이나 주식투자의 전문가이다. 정치에도 전문가가 있다. 그들의 말을 너무 맹신해서도 안 되겠지만 너무 무시해서도 안 될 것이다.

정치를 알려는 노력을 계속하다보면 반드시 일정한 경지에 도달할 것이다. 이런 노력 없이 정치에 스스로 뛰어들거나, 사람을 불러들이거나 한다면, 돌아오는 것은 참담한 실패뿐일 것이다.

마지막으로 덧붙이고 싶은 것은, 신문 사설뿐 아니라, '만물상', '지평선' 같은 그 신문의 대표적인 단평란을 찾아 꼭 읽어보라는 것이다. 사설은 어떤 문제를 놓고, 정면으로 그 문제의 핵심을 찌르려는 것이라면, 단평란은, 차 한 잔을 사이에 놓고, 소파에 비스듬히 앉아서, 사물의 다른 한 측면을 관조하려는 자세가 엿보이는 기사이다. 문장으로 치면 사설보다는 단평이 한 수 위이다. 필자도, 사설은 필자의 전문에 따라 매일 바뀌지만, 단평란 집필자는 일정기간 바뀌지 않고 계속해서 한 사람이 담당하는 경우가 많다. 그러므로 사설과 단평을 같이 읽어야 뉴스의 양 측면을 고루 볼 수 있는 안목이 길러진다. 나는 어떤 신문이 단평란의 이름을 '지평선'이라고 지은 것은 참으로 탁견이었다고 생각하고 있다. 먼 지평선을 바라보듯 아련한 사색을 불러오는 품격 높은 이름이다.

'아듀, 불가사리 대통령'

2007년 12월 19일을 경계선으로 하여 '불가사리 대통령'의 시대는 끝났다. 나는 별항에서 우리 대통령은 임기 중에 사임해서도 안 되고, 탄핵되어서도 안 되며, 심지어 죽어서도 안 되며, 다만, 국민은 그의 임기 끝나기만을 학수고대할 수밖에 없는, '불가사리 대통령제' 아래 있다는 사실을 지적하였다. 아직 현행 헌법이 그대로 살아있기 때문에 우리에게 불가사리 대통령이 다시 나타날 가능성이 전혀 없는 것은 아니다. 그러나, 앞으로 적어도 노무현 대통령 같은 최악의 불가사리 대통령이 다시 등장할 가능성은 사실상 전무하다고 단언할 수 있다. 왜냐하면, 국민은 그런 사람에게 너무나 지쳤기 때문이다.

앞으로는 최소한 대학 문턱에도 안 가본 사람은 대통령에 당선되기 어려울 것이다. 사람들은 대학을 다녔다는 사실 자체가 상당한 의미가 있다는 것을 깨달았다. 설사, 별로 공부는 안 하고, 4년 동안 내내 놀았다고 하더라도 '대학 물'을 먹은 사람과 못 먹은 사람과의 사이에는 큰 차이가 있다고 말하고들 있다.

대학에서 강의를 들었다는 것도 중요하지만, 그것 못지않게 친구들 '또래 집단'으로부터 받은 영향이 더 크다. 그러므로, 일단 대학만 다녔어도 그리 엉뚱한 사람이 태어날 가능성은 적다. 크게 상식을 벗어날 가능성은 없다. 졸업한 이후에도 친구집단, 동배집단(fellow group)이 행동의 '준거틀(frame of reference)'이 되기 때문에, 전혀 상식 밖의 인물, '아집과 궤변으로 뭉친' 독불장군이 되기는 어렵다. 따라서, 예측 가능한 인물이 될 가능성이 더 많다. 뿐만 아니라, 앞으로 대통령은 일정 기간 제대로 된 직장에서 일한 경력이 있는 사람이어야 할 것이므로, 직장동료와 상사들도 그 사람의 준거틀이 된다. 그러므로, 불가사리 대통령과는 '아듀(adieu)'이다.

그렇다면, 앞으로 어떤 사람이 대통령으로 당선되어야 할 것이냐. 이번에 압도적인 표차로 당선된 이명박 대통령은 이미 당선된 사람이기 때문에 논외로 치자. 여기서 말하고자 하는 것은 그 다음에 관한 얘기이다.

첫째로, 당내의 후보자 경선에서 차점으로 낙선되었다고 해서 다음 후보자로 입지가 굳어져 있다는 논의가 더러 있지만, 나는 그 가능성은 낮다고 본다. 대권과 당권을 나눠 가져야 한다고 말하는 사람도 있지만, 나는 그것도 비현실적인 발상이라고 본다. 선거는 '전부냐, 전무냐'의 분기점이다. 한 표가 모자라도 전부를 잃는 것이지, 낙선되더라도 절반의 권리는 보장된다고 보는 것은 정치를 너무나 낭만적으로 보는, 정치 미숙아적 견해이다. 더군다나 대통령 임기 5년은 상당히 긴 세월이다. 그때는 그때의 태양이 뜨는 것이지, 오늘의 태양광선이 그때도 이 지구를 비추는 것은 아니다. 반드시 새로운 인물이 부상하는 법이다. 반드시 사정 변경이 있기 마련이다.

더군다나, 낙선된 경선자가 낙선되기 전에 당선자의 당선을 위해, 미리 경선의 포기를 선언하였다면 몰라도, 끝까지 싸우다가 낙선이 확정된 뒤에 몇 번 대외적으로 지지연설을 한 사실만 가지고는, 권력 분점의 논거가 대단히 미약하다.

둘째로, 여성이, 지금, 우리나라에서 대통령이 된다는 것은 아직은 사치가 아니냐 하는 문제가 있다. 사회가 대단히 안정되고, 국민의 복지향상만이 국가의 중요 과제인 유럽의 인구 소국이라면 몰라도 우리나라처럼 국가의 당면과제가 복잡다기한 나라에서는 이 문제는 크게 문제가 된다고, 나는 생각한다. 우리나라는 대통령이 문서에 최종 결재나 하고, 의전적인 행사에 참석하는 정도로는 그 임무를 완수했다고 할 수 없는 나라이다. 이 지구상에 현존하는 유일한 분단국가이고, 국민 간에 이념적 대립이 상존하는, 우리나라에서는 대통령에게는 이에 상응하는 특별한 자질이 요구된다. 대통령 본인의 사람됨도 중요하지만, 그 경력과 인맥도 중요하다. 어떤 의미에서는 세계의 대통령이라는 미국의 대통령보다도 더 어려운 직책이다. 따라서, 별다른 경력도 능력도 검증된 바 없는, 여성이 대통령의 자리에 올라도 아무 문제가 없다고 보는 것은 현실을 현실대로 바로 이해하는 견해라고 보기 어렵다.

이렇게 말하면, 혹시 내가 남존여비 사상의 소유자가 아닌가,

오해할 수도 있겠지만, 나는 결코 그런 사람이 아니다. 밝혀두거니와, 나는 딸만 넷을 낳아 기른 사람이고, 누구보다도 그들을 사랑하는 사람이기 때문에, 남성이 여성에게 군림하려 한다면 누구보다도 먼저 격분하는 사람이고, 여권신장, 남녀평등에는 누구보다도 앞장서는 입장에 있는 사람이다. 그러나, 국가의 명운을 좌우하는 대통령의 문제와 남녀평등은 별개의 문제이다.

셋째로, 대통령을 취직자리로 생각해서는 안 된다는 인식을 가진 사람이 대통령이 되어야 한다. 또한, 대통령은 대하를 건너는 데, 한 개의 돌덩이로 징검다리를 놓는다는 담담한 철학의 소유자라야 한다고 생각한다. 대통령뿐 아니라, 그 밑에서 정부의 요직에 기용된 사람들도 그것을 평생직장으로 생각하지는 말아야 한다. 노무현 정권의 장관들은 왜 그렇게도 권력에 집착하는지 의아할 때가 많았다. 심지어 어떤 장관은 잠시 그 자리에 앉았다가 밀려나면서, 그 자리는 자기에게 너무나 적합한 자리였다고 아쉬워하면서, 다른 정권 아래서라도 그 자리에 다시 앉고 싶다고 말하기도 했다. 실로 실소를 금치 못할 코미디 같은 사실이었다.

넷째로, 마구잡이로 공무원 정원을 늘리지 않을 사람이 대통령이 되어야 한다. 무슨 이유에서든지 일단 공무원이 되고, 일정한 직책이 부여되면, 그 사람은 그 쥐꼬리 만한 권력이라도 반드시 행사하려 한다. 잠자코 월급이나 받아가는 것으로 만족하지는 않는다. 이것이 더 무서운 일이다. 그뿐 아니라, 무슨 수를 써서라도 그 자리에 눌어붙으려고 한다. 이것이 더 큰 문제이다.

어찌됐건, '불가사리 대통령이여, 아듀'이다. 이웃 나라인 태국
이나 필리핀에서, 걸핏하면 군인들이 탱크를 몰고 나와 쿠데타를
시도하는 사례를 보면서, 감회가 깊었거니와, 우리나라에서는 그
런 일이 없이, 선거로 판가름이 난 데 대하여, 무한한 자부심을
느낀다.

정치부 기자를 자원한 이유

나는 한국일보 수습기자로 언론계에 첫 발을 들여놓았다. 그
당시, 한국일보는 정기적으로 수습기자를 뽑는 유일한 신문이었
다. 다른 신문들은 대부분 부정기적으로 수습기자를 선발했다.
그래서 한국일보는 신문기자의 사관학교라는 별명을 듣기도 했
다. 그러나 나의 수습기자 생활은 수습기자로 시작된 것이 아니
라, '편집국 서무'라는 직책으로 시작되었다. 편집국 서무란 수습
기자가 아니라 편지국의 잡무를 맡는 직책이었다. 쉽게 말해서,
편집국에서 일하던 '소년사원'들의 우두머리였다. 소년사원이란
야간 고등학교에 다니면서 낮에는 편집국에서 일하는 아르바이
트 학생들이었다.

그들은 외근 기자들이 원고를 써주면 데스크에 갖다 주기도 하
고, 데스크에서 편집부로 넘기는 원고지를 나르기도 하고, 편집
부에서 공장으로 넘기는 원고지 운반 심부름을 하기도 하고, 시
간이 나면 유리창을 닦기도 하고, 기자들 책상 위에 원고지를 가
지런히 놓아주기도 하고, 잉크가 마르면 보충해주기도 하는 잡무

를 담당하였다. 나는 그 아이들의 수장이었다. 그 아이들이 안 하는 일 중에서 나만 하는 일은 각 면에 실린 외부 원고의 고료를 청구하여 발송하는 일이 있었다.

나의 동기들은 모두 외근 기자들을 수행하여 취재수습을 하고 있는 데도 나는 멀거니 그들을 바라보며 그들의 심부름만 했다. 그때는 싫어했지만, 나중에 생각하면, 이것은 나의 기자생활에 큰 보탬이 되는 행운을 가져다주었다. 직책상 편집국은 물론 공무국과 광고국, 업무국과 사장실에도 자주 드나들었기 때문에 우선 사내에 광범위한 안면을 구축하는 좋은 계기가 되었다. 나는 금방 사내에서 유명인사가 되었다. 나중에는 사회부장의 눈에 들어, 제보된 사실을 취재하러가는 유격기자가 될 수 있었다. 이것은 전화위복이었다.

그 후 사회부에 정식으로 배속되었으나, 사회부 기자 생활에 나는 점차 회의를 느끼기 시작했다. 사회부 기자란 이미 지나간 과거의 일을 얼마나 빨리, 얼마나 자세히 아는가에 승부를 거는 일이었다. 아무리 자세히 알았다 해도 과거는 과거였다. 나는 과거보다는 앞날, 미래를 알고 싶었다. 그런 일은 정치부 기자나 경제부 기자의 소관사항이었다. '6하원칙'이라는 말이 있지만, 이 요소들이 꼭 들어가야 하는 것은 사회부 기사뿐이었다.

이러고 있는데, 동아일보에서 오라는 요청이 들어왔다. 자유당 말기이던 당시, 동아일보는 독보적 신문이었다. 그 권위도 권위려니와 월급도 한국일보의 세 배나 되었다. 한국일보는 사람도 많고, 월급도 적었다. 수습기자 출신이 취재부서에 배치된 것만도 큰 행운이었으며, 대부분은 편집, 외신 등 내근부에 배속되었었다. 나는 가지 않을 수 없었다. 그 신문 사회부에서 3년 6개월 동안 낮밤 없이 열심히 일하였다. 그러다가, 어느 날 길거리에서, 우연히 장기영 한국일보 사장을 만났다. 자주 자기에게 들려 달라는 말을 듣기도 했다. 이리하여 장 사장실에서 커피도 얻어 마시는 기회가 생겼고, 그러다가 다시 한국일보로 가게 되었다. 나는 정치부를 원하였다. 그랬더니, 장 사장은 '지금 월급이 얼마냐'고, 내게 물었다. 나는 보너스는 빼고, 10만 몇 천 원이라고 대답했다. 그분은 '한국일보 월급과는 상당히 차이가 큰데……' 라고 말하였다. 나는 말했다. '월급 깎이는 것은 각오를 하고 있습니다.' '좋아, 오시오. 내가 곧 연락을 하겠소.' 했다. 이런 곡절 끝에 나는 한국일보 정치부로 옮겼다. 나는 부자가 아니었다. 그러나 어떤 희생이 있더라도 꼭 정치부로 가고 싶었다.

그 때 한국일보 정치부로 가지 않았다면, 오늘의 나는 없었다고 지금도 생각하고 있다. 나는 같은 언론인 생활을 할 바에야, 대한민국이라는 나라의 권력의 향배를 결정하는 인물들이 모여 활동하는 것을 취재하는 정치부로 가서, 권력의 시스템과 그 운영 실태를 취재하고 싶었다. 월급이 많고 적은 것은 지극히 마이너 한 일로 생각했었다.

나는 정치부 기자 또는 데스크 일을 하면서 매일처럼 혼자서 내 나름의 점을 쳤다. 지금, 상황이 이러하니 앞으로 닥칠 일은 어떻게 될 것인가가 나의 주된 관심사였다. 그리고 그 점이 대부분 적중되는 것을 느꼈다. 일종의 희열을 느끼면서 즐겁게 일했다. 언론의 일선에서 은퇴한 지금도 이 일을 계속해 오고 있다.

　나는 주역을 공부한 사람도 아니고, 사주나 관상을 공부한 일도 없다. 그러나, 골똘히 생각해보면 보이는 것이 있다고 생각한다. 따라서, 가끔 나는 내가 일종의 점쟁이가 아닌가 하고, 생각할 때도 있다. 사생활에 있어서도, 내 식의 점이 맞는 수가 많다. 나는 그런 재미로 지금까지 살고 있다. 돈벌이에는 처음부터 관심이 없었으나, 그런대로 행복하게 살고 있다.

재벌 대통령

　나는 정주영 현대그룹 명예회장과는 한동안 자주 만났었다. 정 회장을 처음으로 만난 것은 내가 서울경제신문 편집국장으로 있었을 때였다. 그 후 내가 KBS사장이던 때도 비교적 자주 만났다. 삼청동 현대 영빈관 저녁 모임에도 자주 초청되었다. 정 회장은 그곳에서 당시의 재계 원로들과 비공식 만찬도 자주 하는 것 같았다. 그곳에 가보면 참석자들은 7~8명밖에 안 되고, 모두가 내노라 하는 큰 부자들이었다. 나이로도 내가 제일 어렸다. 그래서 한번은 내가 정 회장에게 살며시 말했다. '회장님, 앞으로 저를 이런 자리에는 부르지 마십시오'. 그랬더니, 정 회장은 깜짝 놀라면서 '왜 그래요?' 했다. 나는 말했다. '저는 아직 젊은 사람인데 이런 노인들 잔치에는 안 어울리지 않습니까.' 그랬더니, 정 회장은 내 무릎을 꼬집으면서 '당신은 안 늙을 것 같소?' 하며 껄껄 웃었다.

　이런 관계는 내가 수원대학교로 가고 나서도 계속 이어졌다. 나중에, 세상의 주목을 받았던 백두산 관광단에도 같이 갔다. 그러다가, 매주 토요일마다 단독으로 회장실에서 만나는 사이가 되었다. 만나도 나는 잠자코 듣기만 하고, 그분이 이것저것 많이 말했다. 노태우 대통령이 청와대 본관 공사비를 제대로 주지도 않으면서 자꾸만 설계변경을 한다고, 불평을 하기도 했고, 차기 대통령 후보로 알려진 인사들의 인물평을 하기도 했다. 나는 그런 문제에 언급할 입장이 아니었으므로 그저 듣기만 할 뿐이었다. 정당을 창당할 것 같은 말을 하기도 했으나 나는 듣기만 했다. '문화일보' 사장을 하라고 말하기도 했다. 그것만은 내 의견을 확실히 밝혔다. '회장님, 신문사는 앞으로 절대로 수지가 안 맞는 사업입니다. 그러니, 그것만은 다른 사람에게 시키십시오, 그 대신 앞으로 혹 방송을 하시거든 그때는 꼭 저를 불러주십시오.' 했다.

그러다가, 정당 애기가 구체화되자 나에게 창당 발기인으로 들어오라고 했다. 이때도, 나는 확실히 내 입장을 밝혔다. '나는 당분간 대학교수 생활을 더 하고 싶습니다. 그러므로 발기인으로 들어갈 수 없습니다'라고. 그러고는 덧붙였다. '발기인은 지역구에 입후보할 사람을 몇 사람만 간추려서 단출하게 시작하는 것이 어떨까 합니다. 회장님이 직접 나서는 데 명망가들 이름을 좍 적어 넣을 필요가 있겠습니까 했다.

그해 연말이 되자, 조간신문들이 일제히 톱기사로 정주영 신당 창당사실을 보도했다. 그 기사에는 사무총장에 '언론계 출신 P씨'가 내정되어 있다고 썼다. 이것은 나를 지목하는 것 같았고, 나에게는 아침 일찍부터 전국 각지에서 전화가 걸려왔다. 나는 단호하게 이를 부인했다. 이때 이명박씨도 가지 않았다. 나는 이 정당에 가지 않은 것은 잘한 결정이었다고 지금도 생각하고 있다. 갔더라면, 전국구 국회의원은 한번 더 할 수 있었을 것이다. 그러나 나에게 있어 국회의원은 전혀 매력 없는 직책이었다.

그때뿐 아니라 지금도, 나는 한국에서 재벌 총수가 대통령에 당선되기는 어렵다고 생각한다. 그 당시 현대그룹은 누구 한 사람 이의를 제기할 수 없는 당당한 필두 재벌그룹이었다. 나는 그렇기 때문에 그 총수는 절대로 대통령이 될 수 없다고 생각하고 있었다. 우리나라에는 현대 말고도 재벌그룹이 여러 개 있다. 그 중 한 그룹의 총수가 대통령이 된다면 다른 그룹의 입지는 확실히 좁아진다. 그것을 다른 그룹들이 잠자코 감수하겠는가. 나는 그럴 수는 없다고 생각한다. 다른 그룹들은 음으로 양으로 반대 파로 돌아설 것이다. 이것이 한 재벌그룹의 총수가 대통령 선거에서 당선되기 어려운 커다란 요인이다.

또, 선거에는 돈의 힘아 당락을 좌우한다고는 하더라도, 재벌 하나의 힘만 가지고는 대통령선거에서 당선되기에 역부족이라고 생각한다. 반드시 다른 재벌의 힘이 합쳐져야 한다. 그러나 이것은 기대하기가 어렵다. 따라서, 당선이 거의 불가능하다. 국회의원선거 정도라면 몰라도, 대선은 차원이 다르다. 입후자가 돈이 많으면 그 자체만으로도 결격사유가 되기 쉽다. 비용도 천문학적으로 많이 들 것이다. 선거운동원들도 많은 활동비를 요구하게 될 것이다. 그러나 재벌이 돈을 펑펑 쓸 것 같지만, 그렇지가 않을 것이다. 그렇게 되면 운동은 안 하고 욕하고 돌아서는 사람이 더 많아질 것이다. 이것도 큰 장애요인이다.

나에게 내기를 하자고 말하는 사람도 많았다. 나는 시종일관 침묵을 지켰다. 결과는 내 예견대로였다. 나중에 그 정당의 문을 닫으면서, 현대가, 광화문 네거리에 있던 임시당사의 사무집기들을 어느 날 갑자기 인도에 내다버린 사태를 지켜보면서, 나는 재벌 정치의 냉혹함을 똑똑히 지켜봤다. 재벌 총수도 기업인이기 때문에 언제까지나 수지 안 맞는 활동을 계속할 리가 만무하다. 이 정당에 참여했던 어떤 대학교수 출신인사는 그 사람 특유의 해학적 문법으로 '형님, 이게 뭡니까……'라는 글을 쓰기도 했으나, 나는 이것을 보면서 이 저명교수의 인간연구 부족을 개탄했다. '교수님, 그것도 몰랐습니까……' 하고, 인간연구를 도외시하고, 정치를 논하고, 정치에 참여하는 것은 위험천만한 일이다.

중국의 황제

흔히, 한중일 한중일 하지만 정치에 있어서의 한중일은 각각 너무나 딴 판이다.

첫째로, 한국 같은 대통령 선거제도를 가진 나라는 한국밖에 없다. 일본은 의원내각제의 나라이니, 국민이 직접 투표에 참여하는, 국가원수 선거제도는 따로 없다. 국회, 그중에서도 하원에서 다수의석을 확보한 정당이 정당 자체협의로 내각총리를 뽑으면 그 사람이 국가원수가 된다. 사임하면 다시 뽑으면 된다. 중국은 공산당 일당 독재국가이니 당 고위층끼리 밀실에서 차기 국가원수는 누구라고 결정하면 그것으로 끝난다. 북한에는 아예, 그런 절차도 없다. 아들에게 권력을 넘기는 세습왕조체제이다.

다른 나라는 조용히 정권교체가 이루어지는 데, 우리는 시끄럽기 짝이 없다. 우리는 당내에서 후보를 경선하는 단계에서부터, 앞으로 다시는 서로 안 볼 것 같은 험악한 분위기가 조성되고, 경선 후에도 겉으로는 아닌 척 해도, 앙금은 앙금대로 남는다. 대선이 끝난 뒤에도 어쩐지 뒤끝이 깨끗하지 않다.

정치의 역사도 너무나 다르다. 일본의 헌법은 처음에는 흠정헌법(欽定憲法)이었다. 흠정이란, 군주가 직접 제정한 헌법이라는 뜻이다. 국민의 대표들이 모여 헌법을 제정한 것이 아니라, '짐(朕)이 곧 국가이다'라고, 국민 위에 군림하던 군주가 스스로 헌법을 만들어 시행한 것이다. 그러나 우리에게는 그런 전통이 없다. 중국에는 '황제'가 있었으나, 황제가 정치의 실세였던가는 논란의 여지가 많다.

중국의 역사에 관한 최근의 연구성과에 의하면, 중국의 역대 황제들은 중국인의 지배자도 아니었고, 중국대륙의 토지소유자도 아니었다. 그렇다면, 중국의 황제들은 무엇을 소유하였던가. 중국이라는 넓은 국토의 이곳저곳에 점과 선으로 연결, 전개되어 있던 유통시스템의 소유주였으며, 중국황제는 중국이라는 종합상사의 사장이었다는 것이다.

사마천(司馬遷)의 〈사기(史記)〉에 의하면, 중국 최고의 왕조 이름은 '하(夏)'라고 되어 있는데, 이 '하'는 '가(賈)' 또는 '고' 즉 장사하는 사람이라는 뜻이고, 그 다음에 등장한 '은(殷)'나라의 백성들은 자기네 나라를 '상(商)'이라고 칭하고, 자기들은 상인들이라고 자칭하고 있었다는 것이다. 고대 중국왕조가 모두 교역에 관계되는 문자를 썼다는 것은 결코 우연한 일이 아니었다는 것이다.

원래, '국(國)'이라는 한자는 성벽으로 둘러싸인 도시라는 뜻이다. 도시에서는 주로 장사가 이루어지고, 식량은 도시 주변의

농촌에서 조달되는 것이다. 따라서, 도시는 유통의 거점이다. 황
제들은 유통의 거점인 도시를 장악한다. 그것도 황제가 직접 장
악하는 것이 아니라 관리사무소라고 할 수 있는 현청(縣廳)을
두어 관리한다. 현청에서는 그곳에서 장사를 하는 사람들로부터
'조(租)'를 징수하지만, 이 '조'는 지방관리와 군대의 비용으로
충당되고, 황제의 개인적인 수입은 도시의 성문 또는 교통의 요
충지를 통과하는 상인들로부터 징수하는 '세(稅)'로 충당한다.
황제는 단순히 유통세 또는 시장 이용세를 징수하는 데 그치지
않고, 스스로도 소금, 철, 비단의 판매권을 독점하여, 이들 상품
을 각 도시에서 판매할 뿐 아니라, 멀리 외국에까지 수출하여 막
대한 이익을 얻고, 여유 자금을 상인들에게 빌려주어 이자를 받
는 금융업까지 했다. 그러므로, 황제에게 중요한 것은 교역이지
정치는 아니었다.

　지금도 중국에는 주민들의 호적이 '도시적(都市籍)'과 '농촌적
(農村籍)'으로 양분되어 있다. 농촌출신의 인민이 도시에서 기업
에 근무한다 해도, 그가 화이트칼러가 되는 길은 막혀 있다. 단
지 대학을 졸업한다면 모르되 사실상 대학에 들어간다는 것은 하
늘의 별따기이다. 농촌출신과 도시출신이 결혼하면 그 자녀는
'농촌적'에 올리게 된다. 거주이전의 자유를 당연한 권리로 누리
고 있는 우리 입장으로는 실로 이해하기 어려운 제도이며, 이 제
도는 어제오늘 시작된 것이 아니라, 고대부터 내려오는 중국 고
유의 제도이다. 이 얼마나 끈질긴 상업중심적 제도요, 도시중심
적제도인가.

따라서, 같은 한자문화권이라 해서 한중일 3국이 비슷한 문화일 것이라고 생각하는 것은 커다란 착각이다. 중국과 일본이 우리와 크게 다르다는 것을 알고 현실을 논해야 한다. 이것을 분명히 알고 3국관계의 미래를 전망해야 한다. 특히, 중국은 우리가 생각하는 것처럼 '공자왈(孔子曰)', '맹자왈(孟子曰)'의 나라가 아니다. 지금만 그런 것이 아닐 뿐 아니라, 고대부터 그런 나라가 아니었다. 유교사상이나, 사서삼경은 공무원 채용시험인 과거시험에나 나오는 문어체(文語體) 지식이었을 뿐 일반인은 그것을 낭독해도 알아듣지도 못했다.

지금 중국에서는 국영기업의 처리문제가 크게 부각되어 있다. 흔히, 국영기업은 공산주의사상에서 만들어진 것으로 오해하기 쉽지만, 그런 것이 아니다. 중국식으로 이해하자면, 그것은 예부터 내려오는 '현(縣)'의 문제이다. 지방도시가 각각 독립성을 가진 기업이 되고, 국가나 당이 그 이윤을 징수하는 것은 고대부터 내려오는 중국통치의 지혜이다. 중국의 국영기업은 사택은 물론 전 종업원의 자제를 위한 유치원, 학교, 병원까지 갖추고 있고, 정년퇴직 후에도 직원들은 그 사택에서 계속해서 살 수 있게 되어 있다. 기업이 일자리를 제공하는 기능집단에 그치는 것이 아니라는 사실을 이해해야 한다. 이것은 서양식으로 이해하는 기업의 이미지와는 거리가 크다.

어찌됐건, 중국과 우리는 그 문화가 근본부터 다르다. 일본과도 크게 다르다. 나는 이런 문화의 차이를 감안할 때, 우리 대한민국은 미래의 사회변화에 적응할 수 있는 이점이 그들보다 더 크다고 생각한다. 일본의 의원내각제가 장점이 많지만, 국가원수인 수상이 정치를 하는데 있어 장애가 되는 요인이 우리보다는 더 훨씬 많다. 수상은 늘 국회에 불려가 앉아 있어야 하고, 언제든지 국회의원들의 질문에 답변해야 한다. 정치 자체에 힘을 쏟기보다는 의회에 시달리는 시간이 더 많다. 우리의 대통령들은 그렇게 하지 않아도 된다. 중국의 국가주석이 정치에 얼마나 열성적으로 종사하고 있는가는 잘 알 수 없지만, 모르기는 해도 정치외적인 일에 더욱 신경을 써야, 자기 자리가 유지될 수 있을 것 같다.

또, 중국이 근래 비약적인 경제성장을 이루고 있다고 자랑하고 있지만, 경제성장이 이루어지면 이루어질수록 인민들의 자유에 대한 욕구도 커질 것이다. 그중에서도 '도시적'과 '농촌적'의 문제는 보통문제가 아니다. 언제까지 '자유 없는 자본주의(illiberal capitalism)'가 성공할 수 있을지는 미지수이다. 근래, 러시아가 석유와 천연가스의 개발로 경제성장을 이루고 있다지만, 자유가 없기는 마찬가지이다. 그들의 장래에도 암운이 걸려 있다고 나는 생각한다. 우리의 북쪽에 자리 잡고 있는 독재 왕조정권의 운명도 시간문제이다.

이런 중요한 역사적 시점에 당면하여, 우리는 한층 더 어른스런, 성숙한 접근방법을 모색하여야 할 것 같다.

북한 최후의 날에 관한 시나리오

근래, 우리 신문지상에도 북한의 종말에 관한 기사가 자주 실리고 있다. 북한에 일이 터지면, 중국은 즉각 군대를 투입하여 핵 관련시설을 장악할 것이라는 얘기도 있다. 압록강, 두만강의 국경경비를 강화하여 북한 주민의 월경을 저지할 것이라는 얘기는 이제 뉴스도 아니다. 게다가, 여러 징후로 미루어 북한의 식량위기는 금년 여름 최악의 상태에 도달할 것이라는 전망도 있다. 북한이 핵 신고와 폐기를 절대로 하지 않을 것이라는 전제하에 미국과 한중일과 러시아, 호주, 뉴질랜드를 주축으로 하는 연합군의 군사개입 가능성이 점쳐진지도 오래다.

미국의 6자회담 대표인 크리스토퍼 힐은 크리스마스에도 귀국하지도 않고 여전히 한반도 안팎을 맴돌고 있다. 심지어, 이명박 신정부의 대중특사로 내정된 박근혜도 사전에 직접 방문했다. 이런 사실들을 다른 사람은 몰라도 김정일만은 알고 있을 것이다. 북한의 스파이 대장인 김양건 노동당 통일전선부장이 대선 막판에 서울을 찾아오더니, 선거 바로 전날, 김만복 국정원장이 극비리에 평양을 다녀왔다. 남북 간에 다급하게 오가며, 무슨 애기를 주고받았는지는 당사자밖에 모른다.

이런 정황 속에서 김정일 최후의 날에 관한 시나리오가 여러 설로 나돌고 있으나 그중에서도 가장 주목을 끌고 있는 것은 연전에 발간된 〈펜타곤의 새 지도, 행동 청사진(The Pentagon's New Map, Blue Print for Action)〉의 내용이다. 이 책 속에서 저자 토머스 바네트는 이렇게 쓰고 있다.

국제연합군이 김정일의 궁전으로 걸어들어가 제시할 3가지 대안은 다음과 같다는 것이다.

첫째, 좋은 시나리오= 김정일에게 '돈이든 여자이든 측근이든 모두 챙겨도 좋다. 다만, 다른 곳으로 떠나야 한다'고 말한다는 것이다. 중국이 내몽골에 있는 전설상의 금단의 도시를 새 거처로 내줄 수 있다.

둘째, 나쁜 시나리오= '좋은 시나리오'를 거부할 경우, 파나마의 마누엘 노리에가를 처리한 방식처럼, 김정일만 추적해 붙잡은 뒤, 슬로보단 밀로세비치처럼 국제재판에 회부하여 몇 년 동안 감옥에서 여생을 썩게 한다.

셋째, 추잡한 시나리오= 밀사를 시켜 김정일에게 낮게 깔린 목소리로 전달케 한다. 미 국방부의 네오콘들이 만든 북한 점령 후 '6개월 재건계획'을 보여주는 것이다. 엄포라고 생각하는 것 같으면, 탁자 건너편으로 사담 후세인의 아들인 우다이와 쿠사이의 사진을 밀어보낸다. 무슨 뜻인지 알아차릴 것이다.

이리하여 김정일은 처리되고, 북한은 중국, 미국, 일본, 러시아의 4개국에 의한 군사점령이 시작된다…….

　걸핏하면, '서울을 불바다로 만들겠다'고 허세를 부리던 그들의 너무나 참담한 최후를 보는 것 같아, 더 이상 인용하기가 만망하지만, 어떻게 되었던 그들의 최후가 임박한 것은 부인할 수 없는 형국이다. 그동안 유엔에서 거듭 제재결의가 반복되었지만, 유일하게 우리 좌파정권이 그들의 방패막이가 되어 그들의 숨통을 살려놓았던 것은 사실이다. 이제 한국에서의 좌파정권도 어이없이 퇴장했다. 노무현 정권하에서도 미국의 PSI(Proliferation Security Initiative)에 적극 동참해야 한다는 내부 의견을 가지고 있었으나 대통령의 친북정책에 눌려 이를 유보하고 있던 우리 외무부는 이명박 정부의 정권인수위원회에 대하여 이의 조속한 결론을 촉구했다. PSI란 핵확산방지에 위반되는 물자를 운반하는 선박을 세우고, 강제로 선내를 검색하거나 의심되는 물자를 압수하는 국제활동을 의미한다. 한국마저 이에 적극 동참한다면 북한이 반발하겠지만 그들이 반발하는 수단에는 일정한 한계가 있을 수밖에 없다. 그들은 지금 국제사회 한 가운데에서 혼자 발가벗고 나앉아 있는 꼴이다.

　누구 말대로라면, 이제 그들이 전쟁을 일으켜야 할 상황이지만, 전쟁을 하려면 배후에 이를 지원해주는 세력이 있거나, 그 나라의 국력이 충만해 있는 상황이라야 하겠는데, 그들에게는 지금 그중 아무것도 갖추어진 것이 없다. 경제력은 우리의 일개 군(郡)에 상응하는 정도이고, 공업력은 그 기능을 상실한지 오래다. 국제적으로는 고립무원이다. 무엇을 믿고 전쟁을 일으키고 나서겠다는 것인가. 한국에서의 좌파정권 붕괴를 보면서, 그들은 심각한 공황에 빠져 있을 것이다.

미국은 최근 지하 60m까지 뚫고 들어가 견고한 지하벙커를 파괴할 수 있는 초강력폭탄을 개발했다. 주한 미군과 미 공군 홈페이지에 공개된 바에 의하면, 미 공군은 최근 미주리주 화이트맨 공군기지에서 B-2 스텔스폭격기에 새로 개발된 지하관통 초강력폭탄을 장착하는 훈련을 했다. MOP(Massive Ordnance Penetrator)라 불리는 이 폭탄은 길이 6m, 무게는 2.7톤에 이른다. 폭격기에서 투하된 뒤 수직으로 내리꽂혀 60m까지 관통한다. 핵무기를 제외하고 이 정도 깊이까지 파괴할 수 있는 재래식 무기는 없었다. 지금까지는 지하 30m까지 관통할 수 있는 GBU-28 '벙커버스터'가 가장 강력한 재래식 지하관통 무기였다. 들리는 것마다 북한의 입맛을 쓰게 하는 소식들뿐이다.

개혁이냐, 혁명이냐

우리나라를 휩쓸었던 좌파정권이 지향한 것이, 개혁이었던가 아니면, 오히려 혁명이었던가에 관해서는 아직도 의문의 여지가 많다. 우리의 역사를 거의 깡그리 부인하고, 대한민국의 존재가치를 부인하고, 노사 간의 대립을 부추기고, 심지어 강북과 강남의 대립을 부추기고, 걸핏하면 이른바 촛불 데모를 지원하고, 겨우 집 한 채 가지고 있는 서민에게도 과중한 세금을 부과하는 등등의 조치를 연달아 취한 연유는 무엇이었던가. 아무리 선의로 해석하려 해도, 이것은 점진적인 개혁을 추진하려는 기도였다고 보기는 어려웠다. 오히려, 사회 일각에서 폭발적인 사태를 불러일으켜, 그것의 진압을 이유로 어떤 강압적 권력발동의 계기를 잡으려 하는 기도라고 해석하는 것이 합당하다고 볼 수도 있었다.

그렇지 않고는 야당과 언론을 그처럼 불구대천의 원수처럼 취급하고, 국회에서 장관들로 하여금 그토록 강압적인 태도로 답변하게 할 수는 없는 일이었다. 그들의 태도를 보면, 그들은 이미

국민 위에 군림하기로 결심한 사람들이었다. 심지어는 자기 세력의 우두머리인 현직 대통령에 대해서도, '계급장 떼고, 1대1로 맞붙어보자'고 공언하기도 했다. 이 말은 은연중 대통령도 그들의 내세운 허수아비에 불과하고, 그들 자신이 권력의 실세라는 것을 주저 없이 공언하는 내용으로 받아들여졌다.

나는 일찍이 자유당정권 때부터 정치를 주시해온 사람이지만, 이들만큼 오만불손한 정치인들을 본 일은 없었다. 군사쿠데타로 정권을 잡은 박정희 정부 당시에도 이른바 '살콰주 장관'이라고 불리던 장관이 있었다. '살콰주'란 '살려 달라'는 의미의 사투리였다. 일일이 그 정당성을 설명할 수는 없지만, 그런 설명을 들을 것 없이 '우리의 입장을 이해하고 좀 협조해 달라'는 취지의 말이었다. 그는 현역군인 출신의 장관이었다. 이 얼마나 순진하고, 애교 있는 사람이었던가. 노무현 정권 아래에서 그토록 오만하던 정치인들이, 여당이 거의 해체된 지금에 이르러, 장차 지역구에서 국회의원 출마를 준비 중이라고 들리는 데, 이것이 성공할 수 있을지는 지극히 의문이다.

'무호남, 무국가'라는 말도 대범하게 들어 넘긴다면, 그저 '나라의 운명은 호남이 계속해서 좌지우지한다'는 취지로 들어 넘길 수도 있지만, 좀 더 깊이 파고 들어가 본다면, 사태의 추이에 따라서는, 앞으로 호남에서 제2의 광주사태를 일으켜, 정국의 향배를 결정케 할 수 있다는 취지가 아니었던가 추측되기도 한다. 그렇지 않다면, 그때 그런 글을 구태여 쓸 필요가 없었다고 생각한다. 노무현 대통령이 대선에서 여당후보에게 전혀 도움이 안 되는 기자실 대못 박기를 강행할 이유도 없었다. 이로써 언론계의 극단적인 반발을 불러일으켜 새로운 거사를 하는 계기를 잡으려 한 것이 아닌가 추측된다. 그가 막판에 개헌을 들고 나왔던 것도 또한 정상적인 상식으로는 그 동기를 이해하기 어렵다.

혁명이란 기존의 정치체제를 전면적으로 파괴하고, 전혀 새로운 질서로 이행한다는 것은 의미한다. 필연적으로 전국적인 혼란이 야기되고, 이를 기존 정부로써는 수습할 수 없는 사태가 발생해야 하며, 국가의 군대와 경찰이 그 임무를 수행할 수 없는 사태가 발생하는 것이 필요하다. 이런 사태는 자연발생적으로 일어날 수도 있지만, 어떤 세력이 조직적으로 이를 지도하고 사태를 유발시켜야 한다. 더군다나 외국의 군대 개입을 미리 봉쇄해야 한다. 그들이 미군 철수를 그토록 열성적으로 주장한 이유도 바로 여기에 있다고 할 것이다.

개혁이든, 혁명이든 그것을 추진하려면 그 추진세력은 그 지향점을 분명히 밝혀야 한다. 조직내부의 단결도 그 방향으로 강화해야 한다. 그러나 지난 정권은 어디를 봐도 그런 노력은 보이지 않았다. 이것은 그들의 커다란 허점이었다. 이 책의 다른 항목에서도 지적한 일이 있었지만, 그들은 그저 NATO(No Action Talk Only) 세력이었다. 말만 내세우지 행동은 없었다. 그러므로 어느 것 하나 성공하기는 어려웠다.

그전 정권에서도 나는 국회를 많이 보아왔다. 의원들은 해당 장관의 책임 있는 답변을 듣기 위해 질문을 하는 것 같지만, 실지로는 그렇지 않은 경우가 많았다. 자기 차례가 되어 질문을 하

고나면 답변은 듣지도 않고 퇴장하고 마는 일이 다반사였다. 워
낙 다망해서 그런 모양이었다. 하기는, 답변은 그 다음날 의사록
으로 인쇄되어 배포되기 때문에 나중에 그것만 받아 훑어보면 되
는 것이므로, 질문을 했다는 그 자체가 더 중요한 일이었을 것이
다. 그러나 이런 태도는 새로운 이슈가 없는 평상시의 국회라면
용납될 수 있어도, 특별한 사명이 있는 것처럼 고압적으로 나서
던 지난 정권은 좀 달라야 했다고 생각한다.

종교도, 정치도, 만병통치약은 아니다

세상이 하도 급격히 변하니, 사람들은 이에 적응하기 바쁘고, 새로운 가치관을 찾기에 급급하다. 악전고투 끝에 겨우, 자기 나름의 길을 찾았다, 싶을 즈음이면, 또 새로 천 갈래 만 갈래의 새 길이 나선다. 가도가도 미로와 같은 인생 항로이다. 그래서 사람들은 변하는 가운데서도 안 변하는 것이 없나 하고 찾다보니, 종교와, 돈과, 정치에 주목하게 된 것이 아닌가 생각된다. 그러나, 유감스럽게도 돈도, 종교도, 정치도 만병통치약은 아니다.

내가 아침 일찍이 다니는 길가의 한 건물에 이런 취지의 광고가 붙어 있다. '왜 걱정합니까. 기도할 수 있는데'. 나는 혼자서 중얼거려 본다. '글쎄, 기도만 하면 만사형통이라면 무슨 걱정이 있겠소. 그렇지 않으니 문제가 아니겠소……' 그러고는 생각해 본다. 아마도 이 광고의 주인은 이 광고 덕으로 지금쯤 걱정이 거의 없어졌을지도 모르는 일이다. 이렇게 간단명료한 광고간판을 보고 찾아오는 사람들이 많아지면 많아질수록 자기의 걱정거리는 날로 줄어들 것이 틀림없을 것이기 때문에.

나는 물에 빠져본 일이 없기 때문에 그 심정을 잘 모르지만, 속담에 의하면 물에 빠진 사람은 지푸라기라도 붙잡고 싶어진다는 말이 있다. 위기에 처했을 때는 무엇이든지 붙잡고 싶고, 믿고 싶어질 것이다. 그러나 붙잡고, 믿었다고 해서 문제가 다 해결되느냐에 대해서는 회의적이다. 하지만, 어떤 믿음을 가진다는 것은 좋다고 생각한다. 무엇이든지 강하게 믿으면 이루어질 수도 있다고 생각한다. 그러나 광신은 오히려 개인적으로나 사회적으로나 역효과를 낳을 뿐이라고 생각한다.

나의 독서생활에 의하면, 서양에서는 광신의 문제는 이미 수백 년 전에 해결되었다고 본다. 그러나 우리나라에서는 어찌된 셈인지 21세기에 접어든 지금도 여전히 광신이 지배적인 것 같다. 기독교, 불교는 물론 새로 우리나라에 진출한 이슬람에 이르기까지 신자들이 말하는 것을 들어보면 거의 광신의 영역에 이른 것이 아닌가 생각된다. 이것은 어떻게 보면 우리의 민족성이 아닌가 생각되기도 한다. 문제를 객관적으로 보기보다는 주관적으로, 정서적으로 보고, 실익 위주로 보기보다는 이념적으로 보려한다. 그 결과, 인도에서는 오래전에 수명을 다한 불교를 지키고, 중국에서는 극복된 지 오래인 유교사상을 개화기까지 금과옥조로 믿어온 것이 아닌가 생각된다.

나는 가끔 〈데카메론(Decamerone)〉이라는 옛날얘기책 읽기를 좋아한다. 아시다시피 이 얘기책은 14세기 이탈리아 사람인

지오반니 보카치오(Giovanni Boccacio, 1313~1375)의 작품이
며, 보카치오는 '유럽 산문문학의 아버지'라고 불리기도 하는 사
람이다. 흑사병이라는 전염병이 유럽을 휩쓸던 당시, 피렌체의
귀부인 7인이 교회에서 우연히 만나, 잠시 전염병의 유행을 피하
여, 교외의 별장에서 열흘 동안 함께 살기로 하고, 이 자리에 친
척청년 3인을 동행시키기로 하였다는 설정하에, 공동생활이 심
심하지 않도록, 각자가 하루에 한 가지씩 애기를 하기로 하여 모
았다는 단편소설집이다. 열명이 각각 하루에 한 가지씩 열흘 동
안 한 애기이니 '열흘간의 애기' 즉 '데카메론'이 된 것이다. '데
카'는 '10', '메론'은 아마도 '애기'라는 의미가 될 것이다.

　이것은 단편집이므로 읽기도 쉽다. 물론 '근엄한' 신사숙녀라
면 불쾌감을 느낄지 모르지만, 나 같은 범부는 이것들을 읽으며
혼자서 즐거울 때가 많다. 특히 참으로 현명한 여성들의 재기에
넘치는 처신에 매혹된다. 독서의 피로감을 씻기에 이것처럼 적합
한 읽을거리는 많지 않다고 생각한다. 이야기의 주제는 주로 교
회와 성직자와 봉건제도를 조소하는 내용으로 되어 있어, 르네상
스 전야였던 당시 서양의 시대상을 크게 반영하고 있다. 보카치
오는 피렌체가 낳은 위대한 시인 단테(Alighieri Dante, 1265~
1321)와 같은 시대인으로서 한 사람은 산문, 또 한사람은 시로,
이탈리아 문학의 두 비조로 일컬어지는 사람이다.

　데카메론 중 비교적 점잖은 애기 한 토막을 소개하면 이런 것
이 있다. 왕비의 아름다움을 흠모하던 왕궁의 한 마부가 오랜 연

구와 준비 끝에 왕의 모습으로 왕비의 침실에 들어가 소원을 성취하고 숙소로 돌아가자, 이번에는 진짜 왕이 왕비의 침실로 들어가게 된다. 왕비가 의아하게 생각하여 '폐하, 오늘은 웬일이십니까. 방금 다녀가셨는데 이렇게 다시 오시다니요. 아무쪼록 옥체를 보중하옵소서.' 이 말을 들은 왕은 왕비가 누군가에게 속은 것을 짐작하였지만, 당장 떠들면 왕비를 슬프게 할 뿐 아니라 자신에게도 수치가 될 것 같아, 조용히 혼자서 범인을 색출하기로 마음먹고, 적당한 구실을 붙여 왕비 곁에서 물러나와, 궁정 일꾼들의 침소로 찾아갔다. 왕은 잠자고 있는 일꾼들의 가슴에 일일이 손을 대어보고 심장이 마구 뛰는 자 한 사람을 발견하고는 가위로 그자의 한쪽 머리칼을 잘라놓고는 잠자리로 돌아갔다. 아침 일찍 일꾼들을 소집하여 그 자를 조용히 처벌할 작정이었다. 그런데 이튿날 일꾼들을 모아놓고 보니 놀라지 않을 수가 없었다. 한 사람도 빠짐없이 한쪽 머리칼이 다 깎여 있었던 것이다. 왕은 혼자서 생각했다. 이자는 신분은 낮아도 머리는 비상하게 좋은 놈이구나…… 그래서 다음과 같은 말을 남기고 조용히 물러나왔다. '그 일을 한 자는 두 번 다시 그렇게 해서는 안 된다'. 일꾼들은 왕이 참 이상한 말을 다 한다고 생각하였으나 아무도 그 말의 내막은 모르고 말았다.

보카치오보다는 한참 뒤에 네덜란드에는 한 사람의 걸출한 사제가 나타났다. 그 이름은 에라스무스(Desidorus Erasmus, 1466?~1526)였다. 에라스무스는 〈치우신예찬(痴愚神禮讚, 1511)〉이라는 불후의 명작을 남겼다. 그는 가톨릭교회의 사제이면서 가톨릭의 문제점을 남김없이 비판하였지만 개신교 쪽에 가담하지는 않았다. 가톨릭 쪽에서는 그를 가리켜 마르틴 루터의 동류라고 조소하면서 '에라스무스가 알을 낳고, 루터가 이를 부화시켰다'고 비난하였고, 루터 측에서는 교활한 기회주의자라고 비판하였지만 그의 중립적 입장은 흔들리지 않았다. 질풍노도처럼 전 유럽을 휩쓸었던 종교전쟁의 와중에서 자기의 신조를 지킨다는 것은 여간 어려운 일이 아니었을 것이다. 그래서 나는 그를 존경한다.

그러나, 이 자리에서 〈치우신예찬〉의 요지를 소개할 생각은 없다. 그것은 그 자체가 하나의 방대한 면수를 요하기 때문이다. 다만, 종교를 생각하는 모든 젊은이들이 언젠가는 한 번쯤 이 책을 찾아 읽어보기를 권유한다. 종교를 말할 때는 언제나 '독실한'이라는 형용사를 붙여야 하는 것으로 아는 분들이 많지만, 나는 한편으로 '냉담 신자'라는 분류가 있는 것을 기뻐한다. '독실한' 쪽보다는 '냉담한' 쪽이 더 인간적이라고 느껴지기 때문이다. 어느 한쪽에 바싹 붙고, 몰입하는 것이 편하겠지만, 편들고 몰입하는 것이 사물의 본질에 접근하는 지름길이 되지 못한다는 것을 알기 때문이다.

이제 우리의 주제인 정치로 차츰 돌아가 보자. 우리는 지금 정치에서 모든 해결책이 찾아지기를 기대하고 있다. 그러나 정치도 현대를 여는 만병통치약은 아니다. 정치는 정치이고 우리의 일상생활은 일상생활이다. 모든 사람이 대통령 행세를 하고, 권력자의 행세를 한다면 될 일이 아무것도 없다. 혼란만 부추길 뿐이다. 정치에 너무 과도한 기대를 걸지 말자. 우리는 각자가 우리의 일들을 조용히 해나가자. 다만, 대통령이 과도한 사명감에 불탄 나머지, 너무 세상을 시끄럽게 하지 말기를 기대하자. 언론도 자기가 마치 대통령 위에 앉아 있는 사람인 것처럼 행세해서는 안 된다. 좀 더 겸손해져야 한다. 언론인들도 딱 깨놓고 정치에 나서든지, 아니라면 한 개 시민의 입장에서 정치를 보아야 하며, 점진적인 개혁을 지향해야 한다. 특권계급, 특권집단의 일원으로서의 언론이라는 특권에 안주해서는 안 된다.

　'알콜 중독'이 유해하듯이 '종교 중독'도 유해하다. '정치 중독'은 더더욱 유해하다. 우리나라에는 정치 중독자가 너무나 많다.

'한국을 죽이는데 칼이 필요 없다'

한국이 한창 잘 나가던 시절, 일본의 서점들에는 '한국 코너'라는 것이 반드시 있었다. 그 앞에 가보면 별의별 각도로 한국을 분석하고, 한국의 장래를 점치는 책으로 넘쳐 있었다. 그 중에는 〈일본이 미국을 추월하고 한국에 뒤떨어지게 되는 이유〉라는 책도 있었고, 〈한국을 죽이는데 칼이 필요 없다〉라는 것도 있었으며, 나중에는 〈한국이 죽어도 일본을 앞서지 못하는 열일곱 가지 이유〉라는 것도 있었다. 이것들은 책 내용이 아니라 모두 책 이름이었다. 특히, '칼이 필요 없다'는, 지금 한국이 수출을 하고 있다 해도, 크고 작은 부품은 모두 일본제이고, 한국의 노조는 일본의 해당 산업노조의 사실상 휘하에 있기 때문에, 이 두 부분에서 손을 쓰면, 한국을 죽이고 살리고는 마음대로 할 수 있다는 내용이었다. 이 얼마나 서글픈 내용이었던가.

이 무렵 나는 일본의 '아시아경제연구소장'이던 토하다 세이치(東畑精一, 1899~1983)씨를 단독으로 인터뷰한 일이 있었다. 당시 아시아경제연구소는 일본의 여러 연구소중 가장 저명한 경제연구소였으며, 아시아 각국의 지역경제 연구에서는 독보적 권위를 자랑하는 연구소였다. 그때 토하다씨는 나에게 '한국이 지금 제철소를 지을 계획을 추진 중이지만 이것은 크게 잘못된 정책'이라고 충고하였다. 그러고는 덧붙였다. 지금 여러 후진국들이 자체 제철공장을 짓고, 자체 항공사를 설립하려 하고 있으나, 이것은 모두 후진국 특유의 허영심의 발로라는 것이었다. 한국은 지금 식량의 자급자족이 시급한데도 이를 먼저 해결하려 하지 않고, 제철공장부터 착공하는 것은 본말이 전도된 정책이라는 것이었다.

나는 그가 농업경제 전문가라는 사실을 알고 있었다. 그러나 이런 말을 듣고는 내심 섭섭함을 금치 못하였다. 그는 국제 분업을 강조하였으며, 그런 각도로 볼 때 한국의 제철소는 실패할 가능성이 크다는 것이었다. 그의 예언대로 그 후 포항제철소가 실패작이었는지 아닌지는 구태여 설명할 필요도 없는 일이다. 농업의 생산성을 아무리 높여보았자 도저히 공업의 생산성에는 미치지 못한다. 그렇기 때문에 박정희 대통령은 공업화에 중점을 두려했던 것이다.

그때로부터 세월은 흘렀다. 상황은 크게 달라졌다. 우리가 감히 '소니(SONY)'와 맞서고, '내쇼날(NATIONAL)'과 경쟁한다는 것은 꿈도 못 꿀 일이었는데도 지금 어떻게 되어 있는가. 일본을 대표하는 브랜드인 이들은 국제시장에서 연달아 우리의 '삼성'과 'LG'에 밀려 있다. 우리가 외국여행을 하면서, 우선 우리

의 눈길을 끄는 것은 요소요소에서 만나는 '삼성'과 'LG'의 광고
탑이다. 이것을 보면서 우리 국민들은 새삼 대한민국의 위대함을
실감한다. 그러다가, 얼마 전에는 드디어 '내쇼날'이 '파나소닉'
으로 회사이름을 바꾸기까지 했다. 일본서 '경영의 신'이라고 추
앙되던 창업주 마쓰시타 고노스케(松下幸之助)가 창업한 이래
90년을 지켜 오던 '마쓰시타'라는 회사이름을 버리고 '파나소닉'
으로 사명을 바꾼 것이다. 이름을 바꾼 것이 문제가 아니라 그
이유이다. 일본의 대표방송인 NHK는 '삼성에 비해 브랜드 파워
가 떨어지기 때문에 이름을 바꾸었다'고 보도했다. 이것은 그 옛
날에는 상상도 못할 일이었다.

우리가 언제부터 자동차를 만들게 되었던가. 언제부터 조선분
야에 뛰어들게 되었던가. 정주영씨가 조선사업을 일으키면서 유
럽에 차관을 얻으러 갔을 때 그분이 설명자료로 가지고 갔던 것
은 달랑 한 가지, 5백원짜리 지폐에 그려진 거북선 그림이었던
것은 언제 적 일이던가. 이러한 사실들을 지금 우리 국민들은 대
부분 까맣게 잊어버리고 있다. 지금 우리의 조선은 세계에서 1~
2위를 다투고, 자동차산업은 5대 강국 중의 하나이다. 이것이 모
두 포항제철이 있었기에 가능했던 일이었다.

그러나 우리의 국내사정, 국내 의식은 전혀 딴 판이다. 이 기
업들을 못 잡아먹어서 안달이다. 이것은 도대체 누구를 위해 일
으키고 있는 소란들이냐. 노조는 연중무휴로 분규를 일으키고,
검찰, 특검은 법을 핑계로 수시로 강권발동이다. 정치판에서는
'통일부는 있어야 한다, 없애도 된다'고 허튼 수작들이고, 정치를

정치로 해결할 생각은 하지 않고, 검찰더러 문제를 해결하라면서 고소, 고발이나 하고, 특검법이나 통과시킨다. 실로 한심한 나라이다. 과연 법은 만능이냐. 법만 있으면 먹고 사나. 삼성만 없어지면 온 국민이 잘 먹고 잘살게 되는가.

　나는 삼성에서 월급을 받은 일도 없고, 장학금을 받은 일도 없다. 다만, 어느새 컴퓨터도, 노트북도, 텔레비전 수상기도, 자동차도, 휴대전화기도 삼성 것을 쓰고 있으며, 자동차보험도 삼성에 들고 있는, 일개 소비자일 뿐이다. 없는 것을 한탄하지 말고, 있는 것을 아끼고, 사랑해야 한다고 생각하고 있을 뿐이다.

영어와 애국심은 별개 문제이다

한 동안 영국에 가거든 섣불리 남 보는 앞에서 담뱃갑을 꺼내 들지 말라는 말이 있었다. 특히 공원 같은 데서 담뱃갑을 꺼내들 었다가는, 어느새 여기저기서 노인들이 다가와서, 나에게도 한 대 주었으면 좋겠다고 말하기 때문에 어느새 빈 갑만 손에 쥐게 된다는 얘기였다. 물론, 이것은 요즘같이 공공장소에서 담배를 피워서는 안 된다는 규칙이 있기 전 얘기이다. 또, 한적한 데 있 는 자동판매기에 지폐를 집어넣어 음료수같은 간단한 물품을 사 고 잔돈을 거슬렀을 때도 금방 노인들이 다가와 그것을 내가 가 지면 안 되겠느냐고 한다는 얘기도 있었다.

그렇듯 무기력하던 영국이 지금은 완전히 다른 나라가 되어 있 다. 유럽 각국에서 사람들이 몰려들고 경제가 활성화되어, 언제 그런 일이 있었던가 하는, 활기 있는 새 나라가 되어 있다. 이것 은 유럽이 '유로'라는 단일통화를 쓰고, 국경의 장벽을 사실상 없애, 사람과 돈과 물건의 이동을 자유롭게 한 이후에 일어난 새 로운 현상이다. 영국은 일찍부터 EU회원국이지만, 아직도 자국의 통화인 파운드화를 고수하고 있고, 자유왕래의 핵심조약인 솅겐조약(Schengen Agreement, 1985)에도 가입하지 않았지만, 유럽지역 자유왕래의 혜택은 어느 나라보다도 더 많이 받고 있다. 그 이유는 무엇인가. 바로 영어 덕택이다.

새로 솅겐조약의 혜택으로 자유왕래가 허용된 에스토니아, 라트비아, 리투아니아, 폴란드, 체코슬로바키아, 헝가리 등 옛 동유럽지역의 노동자들이 가장 가고 싶은 나라는 영국이다. 영국에 가면 자국에서 일할 때보다 약 5배의 수입을 올릴 수 있을 뿐 아니라, 오늘날 국제어가 되어 있는 영어를 배우고 익힐 수 있는 절호의 기회가 부여된다는 데 매력을 느끼고 있다. 인구의 노령화로 고심하고 있던, 영국도 이들의 유치와 정착에 적극적으로 나서고 있다. 온 가족이 같이 와서 아예 영국에 눌러 살기를 바라고 있다. 같은 백인이고, 기독교신자이며, 영어만 좀 가르치면 영국 사람과 전혀 다를 것이 없기 때문에 안성맞춤이라는 것이다. 경제 활성화를 위해 불가결한 인구감소 대책과 노령화 해소 등 1석2조의 효과가 기대된다는 것이다. 새로 자국민들에게 출산을 장려할 필요도 없이, 다 자란 남의 나라의 재주 있는 성인들은 손쉽게 유치하는 것이 더 경제적이라는 것이다.

이와 비슷한 정책을 취하고 있는 아시아 국가는 싱가포르이다. 싱가포르는 얼마전부터 막대한 예산을 투입하여, 외국유학생의 적극유치에 나서고 있으며, 유학생들이 공부만 하고 자국으로 돌아갈 것이 아니라, 싱가포르에서 결혼도 하고, 자녀도 낳으며,

눌러 살기를 장려하고 있다. 유학생들도 싱가포르에 매력을 느끼고 있다. 그것은 영어 때문이다. 이 나라에서 영어만 익히면 세계 어느 나라로도 뻗어나갈 수 있다고 생각하고들 있다. 이렇듯, 영어는 오늘날 의욕 있는 젊은 사람들에게 세계를 향해 뻗어나갈 수 있는 열쇠가 되어 있다.

말에 관한 한, 프랑스 사람처럼 자국어에 대한 자부심이 대단한 나라는 없었다. 수입 신용장도 프랑스로 번역해서 가져가야 접수가 되고, 관광객이 가게에 들어가 물건을 사려해도 영어를 쓰면 본척만척했다. 프랑스에 왔거든 프랑스어를 쓰라는 것이었다. 외교정책을 가지고도, 번번이 미국, 영국과는 엇나가는 정책을 썼다. 프랑스를 제쳐놓고 영어만으로는 잘 안 될 것이라는 자부심이 있었기 때문이다. 그러던 프랑스도 2008년부터는 초등학교의 영어교육을 대폭 강화하기로 정책을 전환했다. 프랑스어만 가지고는 더 이상 이 국제화시대에 버텨나갈 수 없다는 것을 깨달았기 때문이다. 프랑스의 유력 일간지인 〈르 피가로〉는 '초등학교에서 영어교육을 강화해야 하는가'라는 설문으로 인터넷 설문조사를 실시한 결과, 응답자의 81%가 영어수업을 강화하는데 찬성했고, 반대는 19%에 불과했다고 보도했다.

그런데도 지금 우리 국내에서는 영어교육 문제를 가지고 갑론을박이 벌어지고 있다. 영어교육에 중점을 두면, 마치 애국심은 저 멀리 뒷전으로 밀리고 다만 미국에 추종할 뿐이라는 듯이 떠들고 있다. 영어를 쓰기 싫고, 공부하기 싫다면 안 하면 된다. 그것은 개인의 자유이다. 그러나 국가는 전향적인 자세로 정책을 세워나가야 한다. 심지어 지금 미국에 이민 가서 살고 있는 우리 교포들도 영어 한 마디 안 쓰고도 별 불편 없이 잘살고 있다. 교포사회라는 울타리 속에 갇혀서 살겠다고 한다면 별 문제될 것이 없다. 그러나 외국인들과 눈길을 맞대고, 지혜를 겨루며, 적극적으로 살아나가려고 한다면 문제는 달라지게 될 것이다. 공연히 시비를 걸지 말자. 세계를 바로 보고, 시대를 바로 보자. 지금은 공리공론으로 허송세월을 할 시기가 아니다. 영어능력 향상과 애국심 함양은 별개의 문제이다.

생각하면, 영어교육의 문제는 단순한 교육의 문제가 아니다. 장차, 우리나라의 주류세력들이 무엇을 향해 어디로 나아가야 하느냐를 결정하는 국가발전의 근본문제를 설정하는 중대 사안이다. 좁은 울타리 속에 갇혀 아옹다옹 우리끼리 자리다툼이나 하며 살아갈 것이냐, 아니면, 넓은 신천지를 향해 힘차게 뻗어 나갈 것이냐를 결정하는 핵심적인 정책이다. 이것은 정부부처 중 어느 하나를 없애느냐 존치시키느냐 하는 문제와는 비교도 안 되는 큰 문제이다.

퇴임 후 시골에서 산다는 것

노무현 전 대통령은 임기 마지막 날인 2008년 2월 24일 밤까지 청와대에서 머물다가, 새 대통령의 취임식이 열리는 2월 25일 아침에, 청와대를 떠나, 사비와 국비와 도비, 시비 등 도합 460여억 원의 거금을 들여 신축한 고향집으로 돌아가 산다고 보도되었다. 나는 이런 보도를 접하고는 그의 만만찮은 야심을 느낄 수 있었다. 그는 퇴임 후에도 평범한 일개 시민으로 돌아가는 것이 아니라, 준(準)대통령 격으로 여생을 보낼 설계를 하고 있다고 생각되었기 때문이다.

생각하면, 전직 대통령 치고 지금 시골에서 살고 있는 사람은 아무도 없다. 전두환 대통령이 그러하고, 노태우 대통령이 그러하며, 김영삼, 김대중 대통령 등 어느 한 사람도 퇴임 후에 시골에서 살고 있는 사람은 없다. 그럼에도 불구하고, 유독 노무현 대통령만이 시골에서 살기로 결심하였다면 거기에는 반드시 그만한 이유가 있을 것이다. 더군다나, 그전에 살던 집의 복원이나 수리에 그치지 않고, 이토록 거창한 공사를 벌여 나가는 것을 볼 때 이것은 어떻게 보더라도 보통 결심은 아닌 것 같다. 일족낭당을 거느리고, 거기 가서, 새로운 한판을 벌일 계획이라고 볼 수밖에 없다.

사람은 누구에게나 새로운 인생설계를 할 권리가 있다고 생각한다. 그러나 그의 이러한 인생설계가 과연 성공할 것이냐 아니냐에 대해서는 한 가닥 의문을 품고 있을 뿐이다. 정치를 하고, 그것도 대통령까지 한 사람이 출생지에서 살려면 몇 가지 전제조건이 충족되어야 한다고 생각한다. 그것은 그가 그곳에 뿌리박고 있는 대농장주의 아들이거나, 어떤 기업의 주인이거나, 그 곳을 바탕으로 오랜 정치생활을 한 사람이어야 할 것이다. 그러나 그에게는 이런 조건들 중에서 하나도 해당사항이 없다. 다만, 그 곳에서 태어났다는 것 하나뿐이다.

우리나라처럼 인구의 이동이 격심한 상황을 고려할 때, 아마도 그가 그곳에서 자랄 때 알던 사람은 지금은 그곳에 한 사람도 살고 있지 않을 지도 모른다. 그러므로 고향이라도 타향이나 마찬가지이다. 그런 자리에 앞 도랑을 덮고 있던 복개 콩크리트를 걷어내고 생태 물길을 만들고, 측근인사들이 살 집들을 새로 짓고, 크게 경호동을 짓고, 뒷동산을 웰빙 숲으로 개조하고, 근처에 문화센터를 새로 짓고 한다면, 이것은 보통 일이 아니다. 완전히 새 거점을 만드는 일이다.

그의 옆에 계속해서 사람들이 몰려들게 하려면 그만한 매력이 있어야 할 것이다. 매력이란 인간적인 흡인력만 가지고는 안 된다. 권력을 분배해줄 만한 현실적인 힘이 있어야 한다. 그러려면, 그가 여전히 어떤 정당에 영향력이 있거나, 후임 대통령과 친밀한 관계를 유지하고 있거나, 현직 대통령이 무시할 수 없는 세력을 가지고 있어야 한다. 그러나, 지금 보기에 그에게는 아무 것도 남은 것이 없다. 그는 재임 중 여당도 가지고 있지 않았다. 후임 대통령과는 마지막까지 각을 세우고 떠나왔다. 그러므로, 당분간은 사람들이 찾아올지도 모르지만, 머지않아 그들의 발길이 멀어질 것이다. 나중에는 이 사람만은 그렇지 않을 것이라고 굳게 믿었던 사람마저도 그의 곁을 떠날 것이다. 정치는 어디까지나 현실이지 이상은 아니기 때문이다. 조용히 멀어지기만 해도 양호한 편이다. 그전에 각별하게 친밀했던 사람 가운데서는 배신자가 안 나온다는 보장도 없다. 그렇다면, 아마도 준대통령적 권위를 추구하는 그의 꿈은 물거품이 될지도 모를 일이다.

새 자리에, 새로운 정치적 거점을 만들려면, 그곳을 찾아오는 추종자들에게 계속해서 권력을 나누어 주어야 한다. 그러려면, 현재 권력을 쥐고 있는 후임 대통령과 친밀하여 그에게 영향력을 갖고 있거나, 현직 대통령에게 위협적인 세력이 되는 정당의 실권을 쥐고 있어야 할 것이다. 그러나, 그에게는 그 어느 것도 없어 보인다.

그렇다면 그가 선택할 수 있는 길은, 앞으로 그런 영향력을 그 스스로 만들어가는 길이 있다. 파격적인 행동을 선호하는 그의 성격에 비추어, 그가 머지않은 장래에, 대통령 선거에 다시 출마하거나, 아니면, 대통령 선거가 아닌 다른 선거에 출마하여 당선되는 길이 있다. 대통령 선거가 아닌 다른 선거에는, 국회의원

선거도 있고, 도지사 선거도 있고, 시장, 군수 선거도 있다.

다시 대통령 선거에 나서서 승리한다는 것은 그의 의욕만 가지고는 안 될 일이고, 다만, 천운에나 맡겨야 할 우리 역사상 처음 있는 정치실험이 될 것이다. 또 선례도 없다. 그 밖의 선거에 나선다는 것도 결코 용이한 일이 아니다. 그렇게 할 경우 우선 그의 추종자들로부터 만만찮은 반발이 안 일어난다고 하기가 어렵다. '그런 선거라면 우리에게 나설 기회를 주어야지, 당신이 다 차지하고 나면 우리더러는 무엇을 하라는 말이냐' 하고, 신발을 거꾸로 신고 나설 사람들이 있을 것 같다.

아직 도지사, 시장, 군수 등 수장 선거가 실시되기 전, 지방의회 의원선거만 있던 시절, 한 사람의 다선 국회의원이 도의원 선거에 나섰다가 참패한 사례를 나는 알고 있다. 그분은 자기 선거구에서 도의원으로 당선되어, 도의회 의장이 되어 놓으면, 장차 있을 도지사 선거에서 유리한 고지를 선점하게 된다고 판단했던 것이다. 선거구도 여태까지 국회의원으로 당선됐던 자기 선거구였으므로 매우 익숙한 곳이었다. 그러나 이 구상은 결국 실패했다. 우선 그의 측근들로부터 지지를 받지 못하였다. 반발이유는 조금 전에 말한 그대로였다. 이것은 하나의 반면교사가 될 것이다.

그의 의욕은 알만하다. 그러나, 그의 인생공부, 정치공부는 아마도 이제부터 본격적으로 시작되어야 할 것이다. 그에게 행복의 여신이 계속해서 미소를 지을 것이냐 아니냐 하는 것은 그러한 공부의 결과에 좌우될 것이다.

그러나, 그의 이러한 공부에 앞서 반듯이 명백히 해야 할 일들
이 있을 것이다. 그의 재임 중에, 퇴임 후에 살 집에 대하여, 이
토록 막대한 국비, 지방비를 투입하기로 결정한 것이, 과연 타당
하며 합법적이냐 아니냐를 먼저 밝히는 일이다. 이를 분명히 밝
힌다면 모르되, 만약 그렇게 하지 못한다면, 그것은 대통령의 지
위를 남용한 배임, 횡령의 책임을 져야한다는 논의를 불러일으킬
것이다.

'대중'이라는 '사람들'

　나는 이 책을 쓰면서, 자주 나 자신에게 묻는다. '나는 한국인을 알고 있는가', '나는 중국인을 알고 있는가', '나는 북한 사람들을 알고 있는가', '나는 미국인을 알고 있는가', '나는 일본 사람을 알고 있는가', '나는 남들을 알고 있는가', '나는 나를 알고 있는가', '나는 누구인가'…… 그러고는, 이렇게 생각한다. 나는 나를 알고 있다. 그러나, 남이 나에게 그렇게 묻는다면, 나는 제대로 대답할 수가 없다. 그러므로, '나는 알고 있다. 그러나 누가 묻는다면 나는 모른다'가 되고 말 것이다.

　나는 이 나이가 될 때까지 늘 무엇인가를 생각해왔다. 그렇다면, '나는 생각한다. 그러므로 나는 존재한다'라고 할 수가 있을 것이다. 그러나, 생각해온 것이 무엇인가를 말하기는 어렵다. 그렇다면 결과적으로 아무것도 생각하지 않고 살아왔느냐 하면, 그렇다고 말하기도 어렵다. 되돌아보면 무언가를 일관되게 생각해온 것이 있는 것이 사실이다. 단언하거니와, 그것이 돈이었느냐, 그것은 결단코 아니다. 사회적 지위였느냐, 세속적으로 말해 입

신앙명이었느냐, 그렇다고 말하기도 어렵다. 나에게는 그동안 과분하게도 많은 기회가 있었으나 그 중 대부분은 나 스스로가 거절하였기 때문이다. 그러면서 나는 무엇인가 '나의 세계'를 만들려고 생각해왔던 것이 사실이다. 그렇다면 또 한번 더 물어야 할 것이다. '나의 세계'란 무엇이었느냐.

'정치가 무엇이냐'를 생각하면서, '국가란 무엇이냐', '국민국가란 무엇인가', '국경이란 무엇이냐', '권력이란 무엇이냐', '국민이란 무엇이냐', '국어란 무엇이냐', '영어란 무엇인가', '경제란 무엇이냐', '민주주의란 무엇이냐'를 군데군데에서 생각해보았다.

그러나, 결국은 '사람'을 도외시하고는 아무 데도 도달할 수가 없다. 그런데, 사람은 천층만층이다. 일일이 이것을 따라다니다가는 결국 미궁에 빠지고 말 것이다. 결국은 어떤 덩어리로 이해하는 것이 편리할 것이다.

내가 사회학에 공감하고, 뒤늦게 만난 오르테가(Jose Ortega y Gasset, 1883~1955)에 크게 감동하는 이유는 이런 데 연유가 있다. 오르테가는 콜럼버스 이래의 대항해시대 선구세력이던 스페인이 해외의 여러 식민지를 한꺼번에 상실했던 1898년의 미서전쟁(美西戰爭) 패배 당시 열다섯 살의 소년이었다. 그래서 그는 단순한 학자가 아니라 철저한 애국자로 자랐다. 그는 누구보다도 심각하게 조국 스페인의 앞날을 걱정하고, 유럽의 장래를 생각하고, 20세기를 염려했던 사상가였다. 그의 대표적 저작 〈대중의 반역(La Rebelion de las Masas, 1930)〉은 그런 시대적 배경 속에서 우러나왔다.

그는 '사회'를 소수자와 대중의 '역동적인 정신적 통일체'로 파악하고, 사회는 소수자가 대중에 대하여 가지고 있는 우월한 흡인력에서 생겨난다고 생각했다. 다시 말해서 사회를 사회답게 만들고 이것을 부단히 발전시켜 나가는 힘은, 탁월한 한 사람 내지 소수의 모범에 추종해야 한다고 느끼는 대다수 대중의 발랄한 충동에 있다고 보았다. 이 경우, 소수자와 대중은 이른바 상층계급과 일반대중이라는 사회계급적 구별이 아닌 질적인 것이며, 소수자란 빼어난 자질을 구비함은 물론 스스로에게 많은 부담을 부과하고, 스스로 나아가 곤란과 의무를 지고, 언제나 전진하려는 사람들, 즉 '진정한 귀족'이어야 하며, '대중'이란, 자기에 대하여 특별한 사명감을 가지지 않고 일상생활을 영위하며, 자기완성을 위한 특별한 노력을 기울이려 하지 않는 사람들을 일컫는다고 하고 있다. 한 마디로 요약하면, 어떤 사회에 방향을 설정하고 공동의 계획을 제시할 수 있는 참다운 소수 '귀족'의 지배와 이에 따르려는 대중과의 상호행위가 사회발전의 원동력이며, 따라서 '사회는 귀족적인 정도에 비례해서 좋은 사회가 되며, 귀족적이지 않은 정도만큼 나쁜 사회가 되어간다'고 규정한다. 그는 이러한 기본적 판단에 입각하여 '현대사회는 대중지배의 사회'라고 진단한다.

그러면서, 이 '대중지배'에는 커다란 가능성과 위험성을 아울러 가진다고 분석한다. 먼저, 가능성의 면을 살펴본다. 대중지배의 사회에서는 과거에는 일부 소수만의 전유물이던 것을 대중이 소유하고 이용할 수 있게 되었다는 장점이 있다. 이러한 측면으로 볼 때, 현대는 과거 어떤 시대보다도 우월한 장점을 가진 시대이며, 개인적 사회적인 생활수준이 어느 시대보다도 고도로 발달된 시대라는 것은 의미한다. 그러나 이 시대는 커다란 위험성을 내포한 시대라고 지적한다. 그것은 이 시대가 과거의 어떤 시대보다도 우월한 시대라고 인식하면서도 그 시대를 살고 있는 우리 개개인이 무엇을 추구해야 할 것인가를 알지 못하고 있다는 사실이다. 다시 말하면, 이 시대를 살고 있는 대중들의 마음속에는 우월감과 불안감이 미묘하게 뒤섞여 있어, 현대인은 무작정 행복한 것은 아니고 끊임없이 불안한 시대를 살고 있다고 지적한다.

현대인이 누리고 있는 여러 호조건들은 과거의 역사 속에서 잉태된 것인 데도 과거의 의미를 모두 부인하고, 이러한 번영이 마치 자연적으로 생성된 것처럼 인식함으로서 자기보다 우월한 자들의 소리에 귀를 기울이려 하지 않는 불성실하고 자기폐쇄적인 인간으로 화하고 말았다고 말한다. 그러고는 현대의 대중은 '문명세계에 갑자기 뛰어든 미개인'이고 '야만인'이라고 표현한다. 더군다나 이러한 대중이 사회적 권력의 충주세력이 되고 말았다는 데 위기의 핵심이 있다. 이것이 이른바 '대중의 반역'의 본질이라고 말한다.

'대중의 반역'이란 대중이 다른 세력에게 반역한다는 의미가 아니라, 대중이 자기의 본질을 부인하고 스스로 자기 자신에게 반역한다는 의미이다. 혼란을 피하기 위해 다시 한번 되풀이한다면, '대중이란 원래 자기 스스로가 사회를 이끌만한 우월한 자질을 가지지도 않았고, 사회를 발전시키겠다는 설계의 수립이나 이를 추진할 의지도 없이, 그날그날을 소수 엘리트의 지도에 복종하며 살아간다는 것이 특징이었던 것이다. 그러나 원래 아무 설계도 가지지 않았고, 사회를 이끌어 나가겠다는 아무 의지도 없었던 대중이, 다수의 대중이라는 입장 자체가 권력의 원천인 것처럼 착각하고 직접 권력을 잡았다는 데 현대 위기의 진상이 있다'고 말한다.

오르테가는 이러한 위기의 탈출방법으로서 '역사의식의 재생'을 강조한다. 역사의식이란 우리의 배후에는 많은 과거가 있고, 경험이 있다는 것을 인식하는 일이다. 이러한 인식이 없이 우리의 오늘을 진단하고 미래를 논한다는 것은 공리공론이다. 우리는 김영삼, 김대중, 노무현 대통령 시대를 겪으면서 그들이 한결같이 '역사를 바로 세운다', '한국은 잘못 세워진 나라이다'라는 취지의 언설을 하는 것을 들어왔다. 이것이야말로 역사인식의 결여를 의미하는 공리공론이었다.

오르테가는 이러한 역사인식을 토대로, 20세기 초엽이던 당시, 그것이 마치 새로운 가치관의 창조이기라도 한 듯이 창궐하던 공산주의와 파시즘이 시대착오적인 운동이며, '유럽합중국'의 창조만이 유럽의 당면과제라고 주장하기에 이르렀다. 이것은 정말 탁견이었다.

나는 조선민족의 한 사람으로, 그것도 북조선이 아닌 남한에서, 70여년을 살아오면서 많은 견문을 쌓아왔다. 일정시대를 소

년으로, 해방 후의 격동기를 청소년으로, 그 이후 한 사람의 성
인으로, 참으로 많은 경험을 쌓아왔다. 마지막에는 노무현 같은
상식을 초월하는 참으로 희한한 대통령의 시대도 살아왔고, 드디
어는 6·25전란을 겪으면서도 6백년을 건재하던 남대문이 한 미
친 노인의 방화로 불타는 장면도 지켜보았다. 이것은 다른 사람
같으면 아마도 몇 평생을 살아도 경험하지 못할 경험일 것이다.
그동안 수많은 정권과 권력자들이 일어서고, 물러나는 것을 목격
했고, 수많은 재벌들의 흥망성쇠를 지켜보았다. 나치즘이 망하는
것도, 공산주의 소련의 최후도 지켜보았다. 이 아득한 긴 세월
동안, 나 자신 별 탈 없이 건강하게 살아오게 된 것은 크나큰 행
운이었다. 이 정도나마 나에게 행운을 준 이 사회와 나라에 대하
여 무언가 내 나름대로 기여하는 것이 있어야 하겠다는 것이 이
즈음 나의 솔직한 심경이다. 이 책의 집필을 생각하게 된 소이도
여기에 있다.

오르테가의 대중사회론을 읽고 나서, 나는 정치지도자를 자처
하는 우리나라의 여러 인사들 가운데서 그들이 엘리트가 아니라
이른바 일개 '대중'의 부류에 속하는 사람들을 무수히 발견하게
되었다. 몇몇 전직 대통령들도 이 부류에 속하고, 대통령 자리를
노리고 소속정당을 탈당하며 신당을 만들었던 사람들도 이 부류
로 분류하는 것이 적당하다는 생각을 하게 되고, 노동조합 지도
자 속에서도 엘리트를 발견하고, 심지어 좌익 친북 정당의 정치
인 속에서도 엘리트를 발견한다. 지식인을 자처하던 사람 가운데

서도 많은 대중을 발견한다. 이것이 누구를 의미하는가 하는 것
을 구태여 여기서 언급할 필요는 없을 것이다.

미국 국민이 총을 가지는 이유

미국에서는 수시로 총기 사고가 발생한다. 사고라고 하면, 총기를 만지다가 일어난 우발적 사고를 상정하기 쉽지만, 그런 것이 아니다. 별다른 이유 없이 대학의 시계탑 위에 올라가 오고가는 학생들에게 무차별 총격을 가하여 사람을 살상하기도 하고, 이유 없이 강의실에 쳐들어가서는 총을 난사하여 무방비상태의 사람들을 살상한다. 이러한 뉴스는 삽시간에 전 세계로 전파되어 세계적인 화젯거리가 된다. 그때마다 사람들은 크게 놀란다. 도대체, 미국이라는 나라는 어떻게 된 나라이냐. 미국사람은 모두 미친 사람들이고, 미국이라는 나라는 치안이 엉망인 무법천지가 아니냐는 의심을 갖게 된다.

특히, 이러한 사태를 보는 한국 사람들의 표정은 착잡하다. 왜냐하면, 집집마다 일가친척 중 미국에 안 가 있는 집안이 없다시피 하기 때문이다. 그래서 말들 한다. 일반인들에게 총기 판매를 금지시키거나, 총기소유를 엄격히 제한하면 될 일인데, 그렇게 하지 않는 이유는 무엇이냐는 것이다. 나 자신도 한때는 그렇게 생각했다. 그러나, 그 뒤에는 그런 생각을 하지 않게 되었다.

　나도 한때는 미국유학을 생각하고, 동숭동 서울대학 구내에 있던 'FLI'라는 학교에 다닌 일이 있었다. 이 학교의 교사는 전원이 이른바 '원어민'이었고, 아침 아홉시에 등교하면, 저녁 때 퇴교할 때까지는 한국말은 절대로 써서는 안 되는 특수학교였다. 이때, 나는 선생님을 상대로 이 문제를 제기했다. 그랬더니, 의외의 대답이 나왔다. '만약 어떤 미국 대통령이 미국 국민으로부터 총기를 빼앗는 법을 제정하려 한다면, 그 대통령은 미처 그 법이 통과되기도 전에 누군가의 총에 의하여 암살되고 말 것이다'라는 것이었다.

　그러고는, 미국의 역사를 말하고, 미국의 민주주의를 설명했다. 미국이라는 나라는 처음부터 그렇게 있던 나라가 아니고, 국민 개개인이 총기로 무장하고 개척하여 만든 나라이다. 가정을 지킨 것도 국민이었으며, 가축과 농장을 지킨 것도 무장한 국민 개개인이었다. 그러므로, 총은 처음부터 필수 불가결한 도구였다. 게다가 미국은 민주주의의 나라이다. 선거로 지도자를 선출하지만, 만약 그 지도자가 옳지 않은 일을 할 때는 이에 저항하고 거부할 권리가 있다. 그런데 만약 국민으로부터 총을 빼앗아 버린다면 이것은 국민이 저항할 수단을 빼앗는 결과가 되고 이것은 민주주의에 반하는 일이 된다. 국민은 선거 때만 자유인이고 선거가 끝난 뒤에는 노예가 되어서는 안 될 것 아니냐는 것이었다. 그 후 나는 헌법상의 권리로서의 '저항권'에 관하여 열심히 공부하였으나, 이런저런 사정으로 미국유학은 가지 못하였다.

벌써 아득한 옛날의 일이었다. 미국유학은 가지 못했으나 그 당시 나는 잠꼬대도 영어로 할 만큼 되어 있었다. 그러나 오랫동안 영어를 쓰지 않고 살아왔더니, 지금은 영어를 까맣게 잊어 버렸다. 그러나 미국인이 총기를 자유롭게 가져야 할 이유에 관해서는 더 이상 의문을 품지 않게 되었다.

우리나라에도 미친 사람이 많다. 겉으로는 멀쩡한 사람도 한 까풀 벗겨보면 정신이상자라는 것을 알게 된다. 어떤 사람은 돈에 미쳐 있고, 어떤 사람은 감투에 미쳐 있고, 어떤 사람은 자식에 미쳐 있다. 제각기 어떤 분노를 안고 살아온다. 분노를 폭발시킬 수 있는 수단은 얼마든지 있다. 휘발유도 신나도 어디서든지 구할 수 있고, 라이터는 무료로도 얻을 수 있다. 이것을 들고 지하철을 타고, 건물에 들어가는 것을 마음대로 할 수 있다. 어떻게 보면 총보다도 더 손쉬운 위험요소이다. 아무리 경찰관이 눈을 부릅뜨고 지킨다고 하더라도 이들을 사전에 제지할 방법은 없다. 그렇다고 해서 우리나라는 무법천지이냐. 설사, 대통령자리에 아무리 현명한 사람이 앉더라도 이들을 막을 방법은 없어 보인다.

선거보도로는 진실을 알 수 없다

사람들은 선거철이 다가오면 신문이나 방송을 자세히 본다. 대중매체들도 앞 다투어 열심히 정치관련 기사들을 보도한다. 그러나 유감스럽게도 이것들만 보아서는 진실을 알 수 없다. 어떤 정당이 언제까지 무슨 결정을 한다든지, 누가 누구를 만났다든지, 누가 어디서 어떤 말을 했다든지, 누가 누구와 경합하고 있다든지 하는, 어떻게 보면, 지엽말절적인 토막지식은 많이 얻게 될지 모르지만, 누가 옳은 사람인지, 그른 사람인지 하는 핵심적인 사안은 끝내 알 수가 없다.

그 이유는 무엇인가. 신문이나 방송은 자기네의 속내는 감추고, 겉으로는 '불편부당'을 표방하고 있기 때문이다. '불편부당'을 표방한 이상 심층보도는 피하고, 되도록 공정보도, 객관보도를 하는 척해야 한다. 그러므로 선거보도는 구경꾼의 입장을 고수해야 한다. 마치 스포츠중계를 하듯이 겉으로 나타난 것만 충실히 보도하는 데 그치려 한다. 그러므로 말의 잔치만 쫓아다녀야 한다. A 정당이 이 말을 하면, B 정당에도 한마디 하게 한다. A 후보가 한마디 하면 B 후보도 한마디 하게 한다. 이리하여 끝도 없이 말잔치만 이어나간다. 이러한 경향은 선거 막판이 되면 더욱 심해진다. 여론조사 결과도 보도해서는 안 된다는 선거법을 핑계로, 문제의 핵심은 피하고 말싸움만 쫓아다닌다. 말의 내용이 마음에 안 들면 '또 색깔논쟁이냐'고 반론하게 한다.

후보들의 공개토론이라는 것이 있지만, 이것도 재치문답의 수준이다. 누가 인상이 좋으냐 나쁘냐, 누구의 표정이 나으냐 아니냐 하는 것만이 부각된다. 그러므로 이것은 차라리 만담수준이다. 무사히 시간만 채우면 그것으로 끝이다.

그러므로 한국의 선거는 연극배우, 사기꾼들의 독무대이다. 누가 얼마나 극단적인 무책임한 말을 할 수 있느냐, 누가 얼마만큼 거짓말을 거침없이 내뱉을 수 있느냐의 경연장이다. 옳고 그름의 판단은 배제되고, 오로지 무대분장, 무대화장, 제스처, 성형수술의 경합장이다. 게다가 다 그런 것은 아니지만, 요즘의 기자들은 옛날의 기자들에 비하여 직업에 대한 정열이 좀 떨어지는 것 같다. 일을 열심히 하기보다는 사생활을 더 소중히 여기는 것 같고, 보도로 인한 말썽을 피하기 위해 되도록 이지고잉하려는 경향이 두드러진다. 이것들이 언론기관들의 이른바 불편부당 표방과 상승작용을 일으켜, 국민의 정치적 우민화, 정치적 치매를 부추기는 것 같다.

물론, 정치는 말로 하는 것이다. 그러나 말을 충실히 쫓는 것만으로 정치보도의 기능을 충실히 한다고는 볼 수 없다. 말에는 반드시 복선이 있다. 겉으로 나타나지 않는 복선까지를 제대로 분석해야 말의 의미가 확실해진다. 정치적 복선을 제대로 부각시키려면 연륜이 필요하고, 역사에 관한 지식이 필요하다. 그런데 요즘의 기자들은 이런 작업을 등한시한다. 심지어는 얼마 전까지 자기 신문의 편집국장이던 사람의 이름도 새까맣게 모르고 있는 경우가 많다. 선배들의 말은 아예 무시되는 일이 많다. 이래 가지고는 말의 의미를 제대로 파악할 수 없다.

언론기관의 불편부당 표방은 정치저질화의 원흉이다. 정치의 선진화를 위해서는 하루속히 언론매체들이 이 불편부당 표방을 철회하고, 기치를 선명히 할 필요가 있다고 생각한다.

사람들은 '영원한 진리'를 찾아 헤매지만, 나는 '영원한 진리'는 없다고 생각한다. 지금 옳다고 생각하면, 그것이 옳은 것이지, 한편으로 옳고, 한편으로는 그르다는 것은 있을 수 없다. 사람들은 오늘을 사는 것이지, 내일을 사는 것이 아니다. 언제나 오늘을 어떻게 살 것인지를 선택해야지, 선택을 미루고 중립을 지켜서는 오늘을 살 수 없다. 따라서 만고불변의 진리는 없다. 더군다나, 선거는 지금 나와 있는 후보 중에서 택일하는 것이며, 여기에 우리들의 사활이 걸려 있다. 섣불리 중립을 표방할 여유가 없다고 나는 생각한다.

나는 이번 대통령 선거가 끝나자마자 발행된 당선자 캠프 측의 실무자들이 펴낸 책 한 권을 사서 읽어보았다. 책이름은 〈대통령을 만든 마케팅 비밀 일곱 가지〉라는 것이었다. 물론 그들은 열심히 일했을 것이다. 그러나 이것을 읽고 난 나의 감상은 저자들의 의도했던 것과는 상반된 것이었다. 그들은 최신 마케팅전략을 구사했고 그것이 당선의 최대 요인이라고 말하고 있다. 그분들의 말대로라면, 어떤 사람이든 그들과 같은 유능한 홍보선전팀을 만나기만 하면 반듯이 당선된다고 말하고 싶었겠지만 그것은 과연 진실이겠는가 하는 의문을 품게 된다. 마케팅전략의 우수성으로 당락이 결정된다면, 어떠한 후보든지 그러한 마케팅전략팀의 말만 고분고분하게 들으면 당선된다고 해야 한다. 그것이 과연 사실이겠는가.

'홍보팀의 말을 잘 듣는 후보'라고 한다면, 자기의 개성이 뚜렷한 후보보다는 무색무취한, 더 극단적으로 말해서, 이른바 '맹물'후보가 더 당선확률이 높아야 한다. 이것이 진실이겠는가. 홍보를 잘 하려면 무엇보다도 원재료인 후보 자신의 이미지가 당선에 적당해야 한다. 아무리 능력 있는 요리사라도 '철 지난 재료', '상한 재료'를 가지고는 맛있는 요리를 만들 수 없다. 국민이 가장 알고 싶은 사실은 어느 후보가 가장 그 철에 맞는 재료인가, 상하지 않은 싱싱한 재료인가를 판가름하는 일이다.

이것은 인터넷을 이용한 무수한 '치고 빠지기'식의, 이른바 네거티브 캠페인의 응수만으로는 알아내기 어렵다.

그러나, 현명한 국민이라면 후보자들 간의 홍보전 이전에, 이미 누가 진짜인가, 가짜인가를 거의 육감적으로 알고 있다. 양팀의 홍보담당자들은 이것을 뒤쫓아 가며 부각시키는 역할을 할 뿐이다.

그러므로, 내가 이 자리에서 말하고 싶은 것은, 신문방송들이 빙빙 둘러가며 진실 주변을 맴돌 것이 아니라, 단도직입적으로

‘우리가 보기에 어느 후보가 진짜’라고, 먼저 까놓아야 한다는 것
이다.

'일본이 미국을 추월하고 한국에 걷어차이는 이유'

'예상보다 심각한 미 경제…… 아시아, 한국도 먹구름'. 이런
제목의 기사가 연일 신문지상에 오르고 있다. '미국이 재채기를
하면, 한국은 감기에 걸린다'는 말이 있다. 한국뿐 아니라 온 세
계가 폐렴에 걸릴지도 모른다. 그만큼 세계경제에 있어서 미국의
비중은 크다고 할 것이다. 요즘 중국과 인도가 잘 나간다고 하지
만은 이 나라들의 고도성장은 모두 미국시장이 있고나서의 이야
기이다. 만일 미국시장의 소비가 줄어들고, 수입이 하강곡선을
그리게 된다면, 이들 나라의 수출은 멈춰지고 세계경제는 일시에
곤두박질을 치게 될 것이다. 그러므로 미국의 경제는 미국 한 나
라의 문제가 아니라 세계의 문제이다.

이번 사태의 직접적인 동기는, 이른바 '서브프라임모기지(비우
량주택담보대출)'사태로 인한 미국 금융위기 악화와 주택가격 하
락이 불러온 중산층의 소비둔화이고, 둘째 이유는 배럴당 1백 달
러를 넘는 고유가, 그리고 금과 옥수수, 콩, 구리, 철강 등 생산
원자재 가격의 급등이다. 이러한 사태를 맞아 국내의 경제연구소

들도 우리나라의 금년도 성장률 전망치를 5%에서 4.7%로 낮춰 잡기 시작했다.

만약 이런 사태가 김대중, 노무현 등의 좌파정권 시기에 일어 났다면, 나도 우리의 장래에 대하여 크게 낙담했을 지도 모른다. 그러나 경제를 무엇보다도 중시하는 이명박 정권을 맞이한 지금 은 그렇게 비관적으로 보지 않게 되었다. 이것은 한편으로는 매 우 우려할 만한 사태이지만, 한편으로는 하나의 좋은 기회가 될 수 있다는 낙관적인 생각을 하게 되었기 때문이다.

그러고는 20여 년전에 내가 읽고 크게 감명을 받았던 표제의 책을 찾아 들었다. 〈일본이 미국을 추월하고 한국에 걷어차이는 이유〉는 1984년에 일본 동경 경제계(經濟界)에서 간행된 한 권 의 책이름이다. 나는 30여 년전에 세검정 산등성이에 단독주택 을 지어 이사 한번을 안가고 살다가, 몇 년전에야 아파트로 이사 를 나오면서, 보관 장소 때문에 몇 천 권의 책을 내다버렸으나, 이 책만은 무슨 보물단지이기나 한 것처럼 소중하게 챙겨가지고 여태껏 보관해왔다.

먼저, 이 책의 저자부터 소개해야겠다. 그의 이름은 사세휘(謝 世輝), 1929년 대만에서 태어났으며, 대만대학 물리학과를 졸업 한 후, 일본 나고야(名古屋)대학 대학원에서 이학박사 학위를 받았다. 일찍부터 과학문명의 장래에 회의를 느끼고, 전공을 역 사로 바꾸었다. 과학기술사, 세계사, 문명사가 지금 그의 연구대 상이다. 세계의 정치경제를 포괄적으로 관찰하면서, 이것을 기본 으로 한 그의 독특한 세계사 구상에 몰두하고 있다. 현재 일본

동해대학 문명연구소 교수이다.

그는 〈일본이 미국을 추월하고……〉에서 문명 변천의 '천년주기설'과 국가발전의 '백년주기설'을 주장하고 있다.

로마문명을 예로 든다면, 로마제국이 일어난 것이 기원전 5세기이고 망한 것은 5세기이다. 그리고, 서유럽에서 도시가 건설된 것이 12세기이며, 그 후 도시문명이 점차 쇠퇴하기 시작하다가 21세기나 22세기쯤에는 그 영향력이 거의 줄어들 것이라고 내다본다. 또 이슬람문명도 7세기에 일어나 18세기에는 쇠퇴했다. 문명이 발흥하여, 쇠퇴하기까지에는, 예외없이 약 천년이 걸린다는 것이다. 서유럽문명의 새로운 기수로 등장한 미국의 경제에도 그늘이 들이우기 시작했고, 유럽문명의 기반인 근대 합리주의와 개인주의에도 파탄의 징후가 보이기 시작했다. 이것이 문명변천 '천년주기설'의 요지이다.

그러고는, '근대국가 정경사(政經史) 백년주기설'이라는 가설을 내세운다. 어떤 나라가 세계사에 두각을 나타내기 시작하는 것은 서력기원으로 1980년, 90년대이며, 이런 나라가 확실히 정상에 올라서는 것은 다음 세기의 10년대라는 것이다. 19세기는 팍스브리타니카의 시대였고, 20세기는 팍스아메리카나의 시대였다. 우선 팍스아메리카나부터 살펴본다면, 1980년대 이래로 미국 경제는 하강곡선을 그리기 시작했다. 한때는 'Made in USA' 하면, 최고의 품질을 자랑하던 미국의 제조업이 퇴조를 보여 왔다. 이것은 서구식 합리주의의 소산이었다. 제조업에서 이익을 남기기 어려우면, 이른바 '머니게임', 금융업으로 돌아서는 것이 합리적이라는 미국인들의 판단에서였다. 이사이 일본의 공업제품 미국진출이 활발해졌다. 1980년대에 두각을 나타내기 시작하면, 다음 세기의 10년대에 확실히 정상에 올라서게 되어 있다는 '백년주기설'이 증명된 셈이었다. 자동차공업이 그 대표적인 예이다. 이제 미국은 일본의 자동차공업의 경쟁국가는 아니다.

이 책 저자의 주된 관심사는 한국이다. 지면의 대부분은 할애하여 한국이 안고 있는 장단점을 자세히 분석했다. 한국의 성장이 정부주도형으로 이루어졌고, 5대 재벌중심으로 산업화가 진행되었으며, 우수한 테크노크라트와 국민의 높은 교육열과 국민의 의욕적인 참여가 급속한 성장의 동력이라고 평가하고, 이로 인한 부작용도 상세히 분석했다. 그러고는 결론을 내리고 있다. 1980년대에는 여러 방면에서 일본을 앞서는 징후를 보이다가 2010년대에 이르러서는 이미 미국을 앞서가는 일본을 추월하기 시작한다고 결론을 내린다. 사실, 2008년이라는 현 시점에서, 일본은 여러 방면에서 한국을 의식하지 않을 수 없는 형국이 되어 있다고 볼 수밖에 없게 되어 있다. 소니가 삼성을 경계하기 시작했고, 모토로라가 확실히 한국의 삼성과 LG에 뒤쳐져 있다. 이것은 이 책이 발간되던 1984년 당시에는 상상도 못하던 상황이었다.

여기서 자세한 설명을 생략하거니와, 이 책의 저자는 책의 말미에서 이렇게 쓰고 있다. '나는 1963년에 나의 처녀작이 출판된 직후, 일본 경제는 멀지 않은 장래에 미국과 소련을 추월한다고 예언했는데, 당시에는 아무도 내 말을 믿어 주지 않았다. 〈공동

통신(共同通信)〉의 어떤 기자는 나에게 이렇게 말하였다. 당신
의 생각은 너무나 상식을 벗어나는 것이다 하고. 당시, 미국과
소련은 향후 수십 년 간은 초강대국으로 군림할 것이다. 일본은
향후 수십 년 간은 미, 소와 견줄 수 없다고 믿어져 왔었다. 이
책에 쓴 나의 예측은 23년 전의 나의 대담한 예견보다는 훨씬 더
줄잡은 것이다'라고.

그는 또 이렇게도 쓰고 있다. '국민이 하려고 하는 의욕에 불
타고 있을 때, 그 나라의 전도에는 기적적인 약진이 출현하기 쉽
다'라고. 그러면서 그는 일본 젊은이들의 의욕저하가 큰 문제라
고 지적한다. 또한, 과거와 현재가 그러하기 때문에 '금후에도
그렇게 될 것이다'라고 전망하는 것은 크게 잘못이다, 세계경제
는 매 20년 내지 25년마다 격변을 겪는다. 경제발전은 오직 한
가지, 하려고 하는 의욕에 달려 있다고 거듭거듭 강조한다.

나는 이명박 대통령 정부가 이 시기에 등장한 데 대하여 크게
기대를 걸고 있다. 국민을 어디로 끌고 갈지 종잡을 수 없던 김
대중, 노무현 정부시대를 이렇게 부드럽게, 선거라는 온화한 방
법으로, 마무리 지은 우리 국민의 현명성에 크나큰 가능성을 발
견하고 있다. 만약 김대중, 노무현 정권이라는 국정파탄세력의
집권기가 없었다면, 그리고, 그에 앞선 노태우, 김영삼 정권이라
는 국정방황시대가 없었다면, 우리는 사세휘 교수의 예언대로
2010년에는 도처에서 일본을 앞서 있었을 것이다. 그러므로, 최
소한 10년 내지 20년은 예상보다 늦어져 있는 것이 사실이다.

그러나, 이제부터라도 결코 늦은 것은 아니다. 원래, 우리에게

무엇이 있었는가. 우리가 오늘 이만한 성공을 거둔 것은 오로지 박정희 대통령의 탁월한 지도력 덕분이다. 그러나, 박정희 대통령이 어디 또 있고, 또 있을 수는 없었다. 그러다가, 지금 거의 20년 만에 이명박 대통령이라는, 기대를 걸만한, 대통령을 맞이했다. 이것은 천우신조(天佑神助)의 호기이다. 이 기회를 놓치면 우리의 미래는 없다고, 나는 확신한다. 우리는 '한다면 하는 국민'이 아니던가. 이제부터가 시작이다.

지금은 나라의 발전을 위해 온 국민이 기여해야 한다. 전근대적 미망에 헤어나지 못하는 이른바 진보세력들의 반미친북을 어찌하랴. 하지만 최소한 선동하지 말고 발목 잡지 말아야 한다. 진정 나라의 미래보다 개인의 권력쟁취에 광분하는 스탈린 모택동 김일성 추종자들인 국정파탄 세력은 하루빨리 미련을 버리고 자리에서 물러나와야 한다. 막이 내리면 배우도 제 발로 물러나와야 한다. 억지로 밀려나오게 되면 본인에게도 상처가 깊게 각인될 것이다. 감투란 잠깐 쓰는 것이지 언제까지나 누릴 수 있는 특권이 아니다.

우리 대통령을 예사로 '역도'라 부르는 북한

'리명박 역도가 지금처럼 북남선언과 합의를 짓밟고 외세에 추종하면서 대결의 길로 나간다면 우리도 대응을 달리하지 않을 수밖에 없다…… 이른바 〈비핵, 개방, 3000〉은 극히 황당무계하고 주제넘은 넋두리로, 민족의 이익을 외세에 팔아먹고, 북남관계를 파국으로 몰아넣는, 반통일 선언이다. 리명박으로 말하면, 유신 파쇼 독재정권 때부터 기업이나 하다가 서울시장을 한, 보수 정상배이다. 친미 주구인 리명박 따위가 지껄인다고 해서 핵 억제력이 흥정의 대상이 될 수 없다…… 리명박의 사탕발림은 모리간상배의 저속한 근성을 드러낸 것이다……'

이것은, 이명박 대통령의 당선 이후 석달 가까이 침묵을 지켜오던 북한이, 2008년 4월 1일자 〈로동신문〉에 '남조선 당국이 반북 대결로 얻을 것은 파멸뿐이다'라는 제목으로 게재한 최초의 논평이다. 그리고, 그들은 '남조선 없어도 얼마든지 살 수 있다'고 덧붙였다.

나는 이것을 보고나서, 우리 정부는 이에 대해서 아무 대꾸도 할 필요가 없다고 생각했다. 그리고, 내 생각대로 우리 측에서는 아무런 논평도 하지 않았다. 그러나, 내심으로 그들과 평화통일을 한다는 것은 환상에 불과하다는 생각을 갖게 되었다. 대화를 한다는 것은 상대방을 인정하고, 예의를 지키고, 약속을 지킨다는 전제가 있을 때만 가능한 것이지, 이토록 언제나 막 나가는 상대와는 아무리 퍼주기를 해도, 햇볕정책을 계속해도 소용이 없다는 사실을 실감했다. 이것은 나뿐이 아니라 모든 국민이 공감하는 일일 것이다. 이것을 모르는 부류는 일부 친북좌파 언론과 정치인들뿐이다.

북한은 원래 태생부터 그런 부류들이었다. 그들에게 영향력을 크게 미치고 있는 이웃인 중공과 러시아는 어떠한가. 솔직히 말해서, 그들도 이북과는 모두 오십보백보이다. 러시아가 예의를 지키는 나라인가. 중공은 약속을 지키는 나라인가. 만약 그렇다고 생각하는 사람이 있다면 그것은 역사의 흐름을 도외시하거나 현실에 눈감고 사는 지극히 제한된 사람들일 것이다.

그들은 이 논평을 4월 9일의 우리 측 국회의원 선거를 여드레 앞두고 내놓았다. 우리 국민들에게 겁을 주며, 대통령과 국민을 이간시킴으로써, 넘어져가는 좌파정객들에게 표를 모아주려는 의도가 없었다고 보기 어려웠다. 그러나 이러한 그들의 기도는 모두 실패로 돌아갔다. 아무런 영향이 없었다. 떨어질 사람은 모두 떨어졌고, 집권여당은 과반수 의석을 확보했다. 좌파였던 구여당의 실세들은 모두 낙선했다. 대통령 후보였던 사람도, 당대표도 낙선했고, 심지어 좌파의 원조인 김대중 전 대통령도 친아들이 고향에서 낙선하는 꼴을 보아야 했다. 신문들은 선거결과를 놓고 여당의 '과반수 턱걸이'라고 논평했지만 나는 그렇게 보지 않는다. '과반수 턱걸이'인 것은 사실이지만, 그것은 좌파 구여권의 다수의석 확보로 인한 것이 아니라 박근혜 측의 공천탈락 때문이다. 그들은 언제든지 한나라당으로 돌아올 수 있다. 그렇다면 절대다수를 여당이 이미 확보해놓고 있는 셈이다.

지금 이 시기는 천하대란의 시대이다. 국내 정치인끼리 대화하고 화해하고 타협한다고 해서 우리나라의 문제가 다 해결되리라고 기대하기는 어렵다. 총력을 다해서 새로 당선된 대통령을 밀어주어도 소기의 성과를 거둘 수 있을까 말까 한 시기에 제각기 자기 편리 위주로 편을 가르고 감투를 나눠가진다면 될 일이 아무것도 없다. 또 감투를 나눠가진다고 하더라도 내가 무엇을 하겠다는 계획이 있어야지 자기가 내세울 것은 아무것도 없이, 대통령의 독주를 견제하겠다고만 나선다면 이것은 무책임정치의 극치이다.

더군다나 우리의 상대인 북은 상식이 통하지 않는 무뢰배들이다. 그 배후세력인 중공도, 러시아도 다 종잡을 수 없는 나라들이다. 미국도 언제 그들의 국익을 우선하여 한반도사태를 흐지부지 수습하고 한반도에서 손을 뗄 지 모르는 형국이다. 무얼 믿고 우리 정치가 이토록 당일치기를 일삼고 현실에 안주할 것이냐. 심히 우려스럽다.

아무도 우리를 끝까지 도와주지는 않는다. 우리가 경제를 키우고, 국방력을 키워서 우리 힘으로 우리의 안전을 지키려는 의지가 확실해야 나라를 지키고 국민을 살릴 수 있다. 정치가 개판쳐도 나라는 저절로 잘된다는 보장이 있느냐. 이런 우려를 우리 국민들은 벌써 오래 전부터 하고 있다. 모르고 있는 것은 오직 일부 언론과 정치인들뿐이다.

이회창씨의 정당에 대해서도 하고 싶은 말이 많으나, 자세한 거론을 보류하려 한다. 그는 과거에 이른바 '3김'을 강도 높게 비판했었다. 그러나 그 '3김'이 모두 역사의 뒤안길로 사라진 지금, 3김을 가장 닮은 유일한 사람은 이회창씨가 아닌가 하는 생각이 든다. 첫째 그는 눈물을 흘리며 정계은퇴를 천명하였으나 느닷없이 정당을 만들어 대통령선거에 뛰어들었다. 거기서 실패하자 고향에서 국회의원 선거에 나서서 당선되었다. 대통령 선거에 나서기 전에 누구처럼 조상의 선형을 이장하였다. 풍수지리설에 따른 것인지는 모르지만 이것은 새 시대의 지도자에게는 걸맞지 않은 시대역행적인 행위였다. 그의 정치행적이 성공적으로 마무리될 것인지는 미지수라 할 것이다.

정계는 개인의 심심풀이를 위한 놀이터도 아니고, 한풀이의 장소도 아니다.

'콘티없는 드라마, 대한민국'

나는 잠시 KBS사장을 하면서 많은 것을 배웠다. 특히, 보도와 논평을 함에 있어서도 신문과 방송은 그 입장이 많이 다르다는 것, 같은 취지의 뉴스와 해설을 하더라도 신문과 방송은 그 곡조가 달라야 한다는 것, 더군다나, 방송드라마는 신문의 연재소설과는 그 제작과정과 주안점이 크게 달라야 한다는 것 등을 실감할 수 있었다.

이러한 과정을 통해 나는, 수시로, 방송전문가들이 '콘티'와 '시놉시스'라는 말을 많이 쓰는 것을 보고 느끼는 바가 많았다. 콘티는 continuity의 약자이다. 그 사전적 의미는 '계속', '연속' 등이며, 시놉시스(synopsis)는 드라마의 개요 또는 줄거리라는 뜻이다. 따라서 콘티와 시놉시스는 시나리오와도 많이 다르다.

어찌됐건 좋은 드라마를 만들기 위해서는 좋은 시나리오를 만나야 하고, 그러자면 재치 있는 시나리오를 쓰는 작가가 필요하며, 역량 있는 프로듀서를 만나야 한다. 그에 못지않게, 그 드라마에 출연할 훌륭한 연기자를 만나야 한다. 이 외에 촬영 카메라

맨도 있어야 하며, 조명과 음향 전문가, 촬영세트 전문가가 필요
하다. 콘티와 시놉시스는 시나리오작가가 독자적으로 창작할 수
도 있겠지마는, 시나리오의 소재가 될 좋은 소설이 많이 있어야
한다. 그러나 이 모든 조건이 갖춰졌다고 하더라도 가장 중요한
것은 콘티이다. 콘티도 많은 부분을 작가가 직접 짤 수도 있겠지
마는, 결정적인 역할을 하는 것은 역시 노련한 프로듀서이다. 어
떤 장면을 먼저 찍고, 어떻게 줄거리를 이어나갈 것이냐, 어떤
장면을 생략할 것이냐 하는 세부 사항은 프로듀서가 결정해야 한
다. 한마디로 방송드라마는, 작가 한 사람이, 상상의 날개를 펴,
차 치고 포 치고, 무대를 산으로도 강으로도 끌고 갈 수 있는,
신문의 연재소설과는 차원이 다르다.

더군다나, 대한민국이라는 드라마는 어떤 대하드라마보다도 그
스케일이 크고 장기적인 대하드라마이다. 몇 주, 몇 달, 몇 년으
로 끝내는 짧은 드라마가 아니다. 다루는 소재도, 어떤 특이한
인생경험을 그리는 국부적인 것이 아니라, 온 국민의 장래와 사
활이 걸린 심각한 드라마이다. 그런데도 불구하고 대한민국이라
는 드라마에는 책임있고 경험이 풍부한 프로듀서도 없고, 콘티도
없다. 나는 이것을 심히 우려한다.

우리 사회는 콘티없는 사회이다. 어떤 사람이 통일이 중요하다
고 하면, 온통 통일로 쏠리고, 어떤 사람이 경제가 중요하다 하
면, 너도나도 경제로 쏠린다. 누가 안보가 중요하다 하면, 너도
나도 안보 안보 하다가, 장면이 슬쩍 바뀌고 나면, 그것은 씻은
듯이 잊어버리고, 양극화가 어떻고 저떻고 하며 떠들어댄다. 반

미면 어떠냐 하면, 반미로, 아니, 반일로 나가야 한다 하면, 금방 60여년 전으로 거슬러 올라가, 친일 반동세력 후손들의 재산 환수가 시급한 당면 과제인 것처럼 떠들어댄다. 이 나라에는 법치주의의 근본인 시효도 없느냐. 도무지 종잡을 수가 없는 나라가 되어 있다.

우리의 정신상태가 이 꼴이니, 기실 아무 힘이 없는 북한의 망나니들이 우리를 깔보고 수시로 공갈을 쳐댄다. '서울을 불바다로 만든다'든지, '남조선 당국이 반북대결로 얻을 것은 파멸뿐이다'라든지……. 우리나라 안에서도 온갖 '이매망량'들이 판을 친다. '우리가 이렇게 나가면 전쟁이 일어난다'느니 어쩌느니……. 이매망량이란 사람의 얼굴에 짐승 모양을 하고, 네 발로 기는 도깨비를 말한다. 무리를 짓고, 목소리만 크면 안 되는 것이 없는 괴물들이다. 어떤 원로는 수시로 '버르장머리'를 고치겠다고 얼러댄다. 도대체 누가 누구의 버르장머리를 고친다는 얘기냐. 고운 말 쓰기는 힘없는 사람들의 한낱 넋두리란 말이냐.

우리 사회에 콘티가 없어진 연원을 따진다면 그 이유는 우리의 역사에서 찾을 수 있다. 오래 전으로 소급할 필요는 없다. 가까운 한말 개화기 무렵부터 말해본다면 그 당시 이미 우리나라에는 중심세력이 없었다. 왕실이 있기는 하였으나 그것은 나라의 실세가 아니었다. 실세는 민 왕후의 친정인 여흥 민씨거나, 외척인 안동 김씨거나 왕의 아버지인 흥선대원군 일파였다. 이들이 서로 치고 받는 사이 개혁은 간곳없고, 적나라한 권력투쟁이 있을 뿐이었다. 이 틈새를 이용하여, 청나라, 러시아, 일본이 우리 땅에서 각축전을 벌였다. 우리나라의 지배권을 놓고, 청나라와 일본, 러시아와 일본이 연달아 대전을 벌였으나, 우리 지도층은 우리의 갈 길을 제시하지 못하고, 친청(親淸), 친로(親露), 친일로 우왕좌왕하다가, 끝내는 일본의 지배 아래로 끌려가고 말았다.

우리 나름의 콘티는 없었다. 주도권을 잡은 나라가 이끄는 대로 이리저리 끌려다녔다. 그것만이 민초들이 살아남는 유일한 길이었다.

그러다가, 어느 날 갑자기 8.15를 맞이했다. 우리 정부는 아예 있지도 않았고, 이번에는 미군정의 휘하에 들어갔다. 이른바 통역정치의 시작이었다. 북한에는 소련군이 들어왔다. 좌우대립이 격화됐다. 그러다가, 바로 6·25전쟁을 겪었다. 우리 나름의 일관된 연속성을 찾을 형편이 못 되었다. 사람들은 당일치기로 살아남는 데 급급했다.

겨우 정신을 차린 것은 박정희 대통령이 등장하고 나서부터였다. 나는 4.19 후의 과도정부 수반이던 허정(許政)선생과의 KBS 라디오 프로의 대담을 한 열흘 동안 담당한 일이 있었다. 지금도 인상에 남는 대목이 있다. 국내 정국의 안정을 위해, 이승만 전 대통령을 하와이에 보내야 하겠는데, 떠나는 날 여의도공항까지 경호를 해주도록, 당시의 군과 경찰에 요청하였으나, 두 군데서 다 정치적 중립을 지켜야 한다는 이유로 거절당한 끝에, 아무런 경호 없이 이른 새벽에 여의도까지 직접 모시고 가서 비행기에 태워보냈다는 내용이었다. 과도정부 수반도 정부의 수반인 만큼 대통령 역할을 담당하는 분인데 그분의 말을 군과 경찰이 모두 거절하였다니, 이것은 가히 무정부상태를 의미하는 것이었다.

우리 정부의 역사는 사실 박정희 대통령이 세운 것이었다. 국가의 기반도 이 때 확고히 세워졌고, 경제개발도 이때부터 시작되었다. 박정희 대통령의 집권기인 18년 동안 우리에게는 처음으로 콘티가 있었다. 그러나 그 후에 어떻게 되었는가는 우리의 젊은이들도 다 아는 애기이므로 중언부언하지 않기로 하겠다. 다만, 지극히 간략하게 언급한다면, 박대통령 서거 후 전두환 대통령까지는 콘티가 존속되다가, 노태우 정권 등장 이후로 휘청거리더니, 김영삼 정권 때 크게 흔들렸으며, 김대중, 노무현 정부에 이르러서는 중심이 아예 좌파로 넘어가고 말았다.

우리나라도 나라가 이만큼 커졌으니 다양한 의견제시가 있는 것은 용혹무괴(容或無怪)한 일이다. 그러나 나라의 중심세력이, 우에서 좌로, 좌에서 우로, 크게 요동을 친 것은 심상치 않은 일이었다. 그런데도 불구하고, 우리가 망하지 않고, 이만큼 먹고 살게 된 것은 오로지 박정희 대통령 때 다져놓은 성장기반이 그만큼 튼튼했기 때문이다. 박정희 대통령이 직접 작사 작곡한 '새마을 노래'의 구절이 지금도 귓전에 생생하다. '잘살아보세. 잘살아보세. 우리도 한번 잘살아보세……' 이것은 그야말로 절규였다. 후진국의 지도자라면 이 정도의 사명감과 확신과 정열이 있어야 한다. 그의 장기집권이 문제되지만, 지내놓고 보니, 사실상, 그를 이을만한 적당한 지도자 감이 부재했던 것도 또한 사실인 것 같다.

박정희 대통령 대까지 이어지던 나라의 콘티가 자취를 감춘 것은, 그 후의 우리 정치체제가 대통령의 5년 단임제로 확정된 데 그 큰 이유가 있다. 나는 별항에서, 우리나라 대통령은 임기 중 사임해서도 안 되고, 사망해서도 안 되며, 탄핵되어서도 안 되는, '불가사리 대통령'이라는 문제의식을 피력했다. 대통령은 일단 당선되고 나면, 무슨 짓을 해도, 아무도 바꿀 수 없는 괴물이 된다는 것은 심각한 문제점이다. 이러고서도 나라의 콘티가 유지될 수는 없다. 5년마다 국정의 연속성은 단절되고, 인물은 아무런 검정도 거치지 않은 아마추어 인사로 대체되는, 이런 체제로는 더 이상의 발전은 기대될 수 없다. 정당정치도 지속될 수 없다.

따라서, 언젠가는, 대통령도 능력이 없으면, 아무런 정치적 부작용 없이, 그 자리에서 물러나게 할 수 있는, 의원내각제로 이행돼야 한다. 동서독의 통일의 예로 보더라도, 콜 수상 같은 인물이 장기집권을 하였기에 이루어질 수 있는 일이었지 우리처럼 5년 단임의 연속으로는 도저히 이룰 수 없는 난공사였다.

한편, 개화 이후 단시일 안에, 통일 국민국가를 형성하고, 국력을 신장시켜, 유럽 선진국가들과 어깨를 나란히 하게 되고, 오늘날 미국 다음가는 경제대국, 기술대국으로 자리 잡게 된 일본의 경우를 살펴보자. 그 이유는 한 마디로 탄탄한 콘티에 있다.

일본은 1천여 년 동안 천황제를 유지한 나라이다. 실권자인 역대의 막부(幕府) 수장, 이른바 정의대장군(征夷大將軍)들은 형

식상 천황의 임명을 받아 그 자리에 올랐으며, 사실상 독립국가인 근 3백 개의 지방국가들을 통솔했다. 막부는 지방정부의 수장들을 통솔하는 방법으로, 반드시 중앙정부 수도인 에도(江戶)에 가옥을 갖게 하여, 본인과 그 가족을 교대로 상주케 했다. 이른바 참근교대(參勤交代)이다. 그러므로 지방정부 중에서 강성한 나라가 생겨났다고 하더라도 중앙정부를 상대로 반란을 일으키기는 지난했다. 마지막 막부인 덕천(德川)시대까지도 이런 체제가 근 3백 년이나 지속됐다.

서양 세력들이 대포를 장착한 군함을 앞세우고 잇달아 쳐들어왔지만, 서양 사람들은 일본의 이런 일사불란한 체제를 보고, 이들이 총과 칼로 무장까지 하고 있는 것을 보고는, 모두 겁을 먹고 식민지화를 단념했다. 한편, 중앙정부와 지방정부 내부에서는, 우후죽순처럼 젊은 인재들이 태어나, 국제정세의 변화에 대응하기 위한 자국의 체제개편을 촉구하고 나섰다. 결국, 막부제를 폐지하고, 대권을, 그 때까지 정치의 뒷전에 있던, 천황에게 봉환(奉還)하는 혁명을 완수했다. 이른바 명치유신(明治維新)이었다. 이것은 남의 나라가 강요해서 이루어진 개혁이 아니었다. 그들은 국토가 바다로 둘러싸여 있어, 한 번도 외국의 지배를 받은 일이 없었다. 이 점, 대륙의 한 모서리에 위치한 우리와는 지정학적 여건이 달랐다.

제2차 세계대전으로 나라가 쑥대밭이 되고, 미국의 군정을 받아들였으나, 천황제는 건재했다. 천황만 살려놓은 게 아니라, 일본정부도 건재했다. 점령군은 일본을 직접 통치한 것이 아니라,

천황과 일본정부를 통해 간접지배를 할 뿐이었다. 그러므로, 일본이라는 콘티는 여전히 유지됐다. 우리와는 너무나 상황이 다르다. 제1차 세계대전 당시 이미 선진국 대열에 올라 있던 일본이 2차 세계대전 패전에도 불구하고 급속한 성장을 계속할 수 있었던 이유는 확고한 콘티에 있었다.

우리는 지금 좀 더 겸손하고 진지해져야 한다. 정치를 오락쯤으로 알고, 세계정세를 도외시한 채 감투싸움만 즐긴다면, 이것은 구한말의 재판이 될 것이다. 정치에 나서는 사람들도 진지해져야 하고, 이들에게 표를 찍는 국민들도 아예 '객기'를 부려서는 안 된다.

되풀이하거니와, 우리는 우리의 콘티를 되찾아야 한다. 그 길만이 우리나라의 품격을 높이고, 국제사회에서 높은 신인도를 획득하며, 나라의 안정을 지키고, 경제를 성장시키는 첩경이 될 것이다.

여기서 몇몇 전직 대통령들에게 하고 싶은 말이 있다. 그대들은 어떤 신념에 차 국정을 오도했을지언정 개인적으로 부정행위를 한 일이 없다고 주장할지 모른다. 부정행위를 저지르지 않았다는 것은 지극히 당연한 일이다. 그러나, 책임 중에서 가장 큰 책임은 개인적인 부정행위에 있는 것이 아니라, 식견부족으로 인한 국정오도에 있는 것이다. 국비를 낭비하고, 국민을 오도하고, 국민의 의식을 잘못 인도했다면, 그것은 중죄 중의 중죄이다.

대통령들이여, 열변을 토하라

‘말보다 실천’이 중시되어왔다. 말은 누구나 할 수 있지만, 실천은 어렵다. 그러므로, 지도자는 말보다는 실천으로 직접 모범을 보이는 것이 중요하다고 일컬어져왔다.

그러나, 나는 이 시점에서 이러한 일반의 믿음에 이의를 제기하고 싶다. 그동안 책임 있는 건전한 시민들은 묵묵히 일만 해왔다. 그 결과, 우리는 우리의 천금 같은 자녀들의 교육에도 크게 실패하였다. 너무나 일이 바쁘고, 일에 지쳐서, 자녀들과는 제대로 얘기를 할 겨를이 없이 경제건설에 몰두했었다. 그러는 사이 우리의 아들딸들은 엉뚱한 사상에 물들어갔다. 나는 대학에 재직하는 동안 이것을 실감하였다.

우리는 열과 성을 다하여 우리 자녀들을 보호해왔다. ‘너는 아무 걱정할 것 없이 그저 공부만 하면 된다’고 말해왔다. ‘뒷받침은 모두 우리가 할 터이니, 너는 오로지 대학에만 합격하면 된다’고 말해왔다. 이리하여, 우리의 자녀들은 대학에 들어갔다. 대학에 들어가는 것을 보자, 부모들은 큰 짐을 덜었다는 듯이,

자녀들의 교육에서 손을 떼었다. 그러나 대학에서 우리의 자녀들을 기다리고 있는 것은 운동권 학생들이었다. 채 입학등록도 마치기 전에 MT를 간다, OT를 간다 하고, 우리 아이들을 끌고 나갔다. 그곳에서 노래도 하고, 손뼉도 치고, 강연도 들었다. 이 모든 것이, 그동안 갇혀 있기만 하던, 우리 아이들에게는 신기한 체험이었다. 그러나, 그 내용이 문제였다.

한마디로 그 내용은 이러하다. 우리 정부는 태어나지 말았어야 할, 미제의 괴뢰정권이었다. 항일 빨치산 운동을 하던 북한 김일성 정권만이 정통정부이다. 국민을 착취하는 자본주의는 곧 망한다. 6·25는 모처럼의 통일 기회였으나 외세인 미국의 개입으로 무산되었다. 따라서 미군은 조속히 우리 땅에서 몰아내야 한다. 군사독재정권의 주구인 군발이들은 내쫓아야 한다. 재벌들은 매판자본이다. 교수들은 매판자본의 하수인들이다…….

대학에서는 아무도 나서서 이들을 타이르는 사람이 없었다. 오히려, 일부 교수들은 이들의 주장에 동조하고, 이들을 부추겼다. 이리하여, 이른바 386세대가 자라났다. 한 해가 가고, 두 해가 가는 사이, 이러한 잘못된 인식이 우리의 자녀들의 머리 속에 고착되어 갔다. 여학생 둘이 작전 중이던 미군 탱크에 밀려 죽었다는 사건을 가지고 끈질기게 촛불 데모를 하고, 반미면 어떠냐 하고 공언하는 대통령 후보가 당선되는 바탕은 이리하여 형성된 것이었다.

이제는, '말보다 실천'은 젊은이들에게 아무런 감동도 줄 수 없는 낡은 신화에 불과하다. 이제는 실적을 올리기에 앞서, '말'을 해야 한다. 말이라야 사람들에게 감동을 줄 수 있다. 그래서 나는 확신을 가지고 제의하고자 한다. '대통령들이여, 열변을 토하라!'

우리 사회는 지금 경제적 번영만으로는 박수를 받을 수 없는 시대에 접어들었다. 먹을 것은 다 먹을 수 있고, 입을 것도 전혀 부족하지 않은 풍요로운 사회가 되어 있다. 오히려, 쌀밥보다는 보리밥 먹기 운동, 고기보다는 생선 먹기 운동, 잘 먹기보다는 덜 먹기 운동, 잘 입기보다는 덜 입기 운동, 새 옷도 헌 옷으로 만들어 입기 운동의 시대이다.

말을 해야, 지도자의 지도력이 부각된다. 지도자가 감동을 주는 말을 해야 중구난방으로 흩어져 있는 군중이 '책임 있는 국민'으로 바뀔 수 있다.

먼 옛날의 히틀러처럼, 일부러 군중집회를 조직하고, 무대장치를 꾸밀 필요는 없다. 기회 있을 때마다, 확신을 가지고 열변을 토하면 된다. 구태여 분장을 하고 텔레비전 카메라 앞에 나설 필요도 없다. 적은 인원이 참석하는 회의장에도 반드시 마이크와 카메라는 있다. 짧더라도 힘 있는 말을 하면 된다. 그것은, 즉각, 전국으로 전 세계로 중계될 것이다.

그리고, 나는, 대통령이 정기적으로 라디오 프로에 출연하여, 허심탄회하게 자신의 심경을 토로할 필요가 있다고 생각한다. 라디오는 집무실 안에서도 녹음할 수 있다. 낮은 목소리로 속삭여도 감동을 줄 수 있다. 어떤 정책에 찬반양론이 있더라도, 대통령이 직접 호소하면 여론의 방향은 결정된다.

공개적으로 말은 안 하고, 관계 장관에게 지시만 한다면, 그것은 대통령의 진심이 아니고, 뭔가 뒷전에서 지시와는 다른 음모나 꾸미고 있는 것으로 오해될 수 있다. 온 몸으로 나서서 부딪치라, 그것만이 대통령들이 살 길이다.

천박한 국민, 천박한 정치, 천박한 언론

우리는 참으로 위대한 대한민국 국민이었다. 광복 이후의 격심한 사회적, 사상적 혼란과 6·25전쟁의 참화를 극복하고, 산업화, 근대화, 민주화를 일궈냈으며 세계 10대 경제교역국이 되었다. 이른바 '한강의 기적'을 이루어냈다.

우리가 부모들로부터 물려받은 것은 가난뿐이었다. 그러면서도 우리의 자식들에게는, 어떤 일이 있더라도 가난이라는 유산을 물려주지 않겠다고 자신을 희생해 가며 자식들을 가르쳤다. 그런 노력의 결과, 우리는 상당한 성과를 거두었다. 우리의 자녀들을 세계 IT 강국의 인재로 키웠고, 우리의 손자손녀들은 우리의 아들딸보다 더욱더 키도 크고 멋이 넘치는, 국제규격의 미남미녀로 자랐다. 기대 이상의 성과였다.

그러나 문제는 여기서부터 시작되었다. '항산항심(恒産恒心)'은 진리가 아니었다. 누구나 항산을 갖게 되니, 우리 스스로가 교만해지기 시작했다. 누구 말도 듣지 않고, 내가 최고라는 자만심만 커져갔다. 대통령도, 스승도, 아버지도 눈앞에 없고, 다만

‘내가 오로지 최고’라는 생각만 커져갔다. 재산을 더 키우기 위해 오직 얄팍한 재테크에만 열중하게 되었다. 노블레스 오블리주(noblesse oblige)는 간 곳 없고, 천박한 실용주의, 성과주의만 판치는 세상이 되었다.

우리의 어린 아들딸, 손자손녀는 더욱 심하다. 콜라병 우유팩 아이스크림 페이퍼바디 쓰레기들을 길바닥 아무데나 함부로 내버리고, 어른들의 충고는 모두 잔소리로만 흘려듣고, 오로지 얼마를 물려줄 것이냐에만 관심이 있다는 눈빛으로 부모를 쳐다보는 것이 오늘의 현실이다. 이것이 과연 우리의 성공인가.

기업주들은 오로지 기업의 존립이나 이익의 확보에만 눈이 어둡고, 법이나 국가는 안중에 없게 되었다. 이런 풍토 속에서 기업의 이익추구에 동원되었던 고문변호사들은 신발을 거꾸로 신고, 자신을 밥먹여 준 기업의 비리를 폭로하고 협박하는 천박한 배신자로 타락했다. 이와 더불어 운동권 사제들은 ‘정의구현’을 명분삼아 비리폭로집단으로 변모하여 나라를 온통 벌집 쑤시듯 들쑤서 놓았다. 세상이 온통 뒤죽박죽이 되었다.

정치는 더욱 한심하다. 무슨 수를 쓰든, 오로지 감투만 얻어 쓰면 그만이라는 풍조가 되었다. 고위관료의 경력이 있고 외국 유학의 학력이 있다고 해서 믿을 것이 못 된다. 모두가 스몰 포테이토들(small potatoes)이다. 옛날에는 훈장을 준다 해도, 감투를 준다 해도 사양하는 사람도 있었건만 요즘은 그런 사람을 찾아볼 수 없다. 어떤 대통령 밑에서라도 감투만 준다면 못 받아서 안달이 난 사람들뿐이다. 여당에도, 야당에도, 정부에도, 세계정세를 제대로 읽는 인물을 찾아보기가 어렵다. 지금 많은 사람들이 우리의 산업화, 근대화의 기수 박정희 대통령을 그리워한다. 그는 조국애에 열정을 불태운 사람이다. 박대통령은 처음부터 대경륜자였던가? '하면 된다. 우리도 한번 잘살아보자!' 이를 위해 불철주야 고심하는 애국심이 그를 위대하게 만든 것이다. 그가 군사쿠데타를 결행한 나이는 불과 마흔네 살이었다. 한 마디로, 지금의 정치는 천박한 스몰 포테이토들의 경연장이다.

언론은 어떠한가. 며칠 전 나는 버스를 탔다가, 우연히 앞좌석 등받이에 붙은 광고 한 장을 발견하고 깜짝 놀랐다. 가운데에는 불이 붙여진 기다란 담배 그림이 그려져 있다. 자세히 보니 그 담배 그림에는 '朝, 中, 東'이라는 글자가 씌어 있다. '나쁜 건 딱 끊읍시다! 조선, 중앙, 동아 없는 아름다운 세상을 만드는 시민모임. 친일파 매국노, 재벌족벌, 땅나라당, 소수 특권층만을 위한 편파 왜곡 물타기 하는 수구 찌라시……' '찌라시'라니? 이건 또 무엇인가. '친일파' 어쩌고 하면서 이 사람들은 '찌라시'가 일본말이라는 것은 아예 모르는 것 같았다. 다른 신문이 잘못되었다면, 보란 듯이 옳은 보도를 하면 될 것인데, 저는 근시안적 대립이나 갈등만 부추기는 천박한 부류이면서 남의 욕만 해대면 '아름다운 세상'은 저절로 만들어지나?

'광우병'이 어쩌고저쩌고 방송과 신문이 큰일이나 난 듯이 떠드는데, 우리 국민은 자기의 건강도 챙기지 못하는 그렇게 몽매한 국민이란 말인가. 광화문 네거리 인파의 먼지 속으로 유모차에 갓난아기들까지 끌고 나와, '이명박 정부 물러가라' 고래고래

소릴 지른다. 출범한 지 100일도 안 되는 정부를 독재로 규정하고, 이명박 탄핵을 부르짖으며 청와대로 쳐들어가자는 촛불 데모를 하는 저의는 도대체 무엇인가? 5천만 국민이 직접민주주의를 하는 것이 바람직하다면 대통령은 무엇 때문에 뽑고 국회는 무엇 때문에 있는 것인가?

촛불난동은 TV방송의 거짓선동에서 시작되었다. 안전한 미국산 쇠고기를 위험물질로 왜곡, 과장·날조한 선동방송이 청소년, 일부 시민들까지 속이고, 이들을 촛불 현장으로 불러내고 있다. 여중생들까지 갓 출범한 이명박 정부 타도를 외치는 자리에 새국회 개원까지 거부한 통합민주당 국회의원들이 죽치고 앉아 희죽희죽 웃으며 촛불을 올렸다내렸다 한다. 대권을 노리는 사람들까지 시위자들 세에 편승하는 행태는, 대의정치를 파괴하는 국민배신의 모습이 아닐 수 없다.

미국 쇠고기는 국제적으로는 2급 판정을 받았고, 한우는 3급 판정을 받았다. 그런데도 미국 쇠고기가 광우병을 일으킨다는 유언비어로 우리 사회가 열병을 앓고 있다. 전문가들은 "미국 쇠고기를 먹어서 광우병이 걸리는 일은 없다"고 한다. 이번에 벌어진 광우병 파동은 과학적 근거에 기초하지 않은 것으로 밝혀졌다. 광우병의 유언비어에는 배후가 있다고 한다. 쇠고기 수입 반대를 기화로 FTA를 무효화시키려는 반미단체들의 선동에 국민은 현혹되지 말아야 한다.

동물성 사료 금지 이후 11년간 태어난 미국 소 중 광우병 걸린 소가 한 마리도 없고 미국 땅에서 인간 광우병 걸린 사람이 한명도 없으며 미국인이 30개월 넘는 쇠고기를 더 많이 먹는다. 우리뿐 아니라 세계 96개국이 제한 없이 미국 쇠고기를 수입한다는 사실을 직시해야 한다. 미국인이 쇠고기를 주식으로 먹고 우리보다 식품안전시스템이 더욱 철저하다는 것을 알아야 한다. 자동차 등 우리 제품을 미국에 수출하려면 우리도 미국 제품을 수입해야 한다. 한계를 벗어나는 촛불시위는 세계인들이 이해하지 못할 것이다. 글로벌 시대에 국제기준에 맞춰 생각해야 한다.

우리나라는 미국, 일본 등과 비슷한 시기에 광우병 원인이 되는 동물성 사료를 사용해 왔고, 미국보다 3년 늦은 2000년에야 동물사료를 금지시켰다. 30마리가 넘는 소에서 광우병이 발병한 일본은 OIE(국제수역사무국)로부터 2등급 국가로 분류돼 있지만, 농정 당국이나 미국 쇠고기 반대 단체에서 광우병 안전국이라고 주장하고 있는 한국은 광우병 3등급 국가로 분류돼 있다. 미국이 2등급 국가이고 호주가 1등급 국가다. OIE는 광우병 위험을 100% 안전한 것으로 평가하지 않으며, 호주 역시 '경미한 위험국'으로 분류하고 있다. 3등급 국가가 2등급 국가에 대해 '쇠고기가 안전하지 못하다'고 주장하는 것은 앞뒤가 맞지 않는다. 더구나 한·미 FTA 타결 과정에서 전임 노무현 대통령이 미국 측에 쇠고기 문제를 OIE 기준에 따라 해결하겠다고 약속하지 않았던가. 검역은 수입품에 대한 국내의 조사로 한·미 검역 기준과 무관하게 우리가 인력과 장비만 있으면 얼마든지 실시할 수 있다. 그럼에도 불구하고 검역주권 침해를 주장하는 것은 촛불시위의 순수성을 의심하게 만든다.

'나라 위해 목숨 바칠 각오가 되어 있어 밀고 나간다.' 이렇게 박정희 대통령은 말하였다. 이것은 지금도 공감 가는 지도자의 결의이다. 거짓들의 촛불에 굴복하는 대통령이 어찌 핵무기로 압박하는 김정일을 상대하여 대한민국의 안전을 지켜낼 수 있겠는가? 이명박 대통령은 혼자 힘으로 정권교체를 이룬 것처럼 자만했다. 며칠 전에도 '나의 지지자들은 돌아올 것이다'라고 했다. 자기 사람과 캠프 출신만 썼다. 그러다보니 내각이 땅투기꾼들을 모아 놓은 형국이 되고 말았다. 어느덧 '고소영·강부자'는 신판 코드인사의 대명사가 되었다. 새 시대의 '베스트 오브 베스트'를 뽑아 국가의 품격을 높이기를 바랐던 국민들의 염원에 찬물을 끼얹었다. 이어 편파공천으로 당 내분까지 일으켰다. 이것이 국민의 신임을 잃은 오늘 사태의 화근이다.

나라를 이끌어가는 지도자가 굳건한 신념 없이 바람따라 흔들려선 안 된다. 국민이 불안하다. 20세기 성공한 대통령들인 루스벨트의 의연한 '노변담화(fireside chat)' 국민설득, 그리고 레이건의 '측근 물리친 인재선택', 대처의 '확고한 공권력 실행'을 공부해야 한다.

6·4재보선을 이명박 정부 참패라고 하는데 이를 반성은 하되 충격까지 받을 필요는 없다. 정부와 국민의 소통이 제대로 되지 않은 상태에서 선동에 따른 쏠림현상도 없지 않다. 그러나 이제 이명박 대통령은 대오각성 자만을 버리고 심기일전하여 겸손, 포용, 결연함으로 힘찬 새출발을 국민 앞에 보여야 한다.

박현태(朴鉉兌)

1933년 경남 사천 출생, 서울대 법대 졸, 동 대학원 문학석사, 한양대 대학원 법학박사. 한국일보, 동아일보 사회부기자, 대한일보, 한국일보 정치부장, 서울경제신문 편집국장, 관훈클럽 총무, 한국일보 논설위원을 거쳐, 민정당 정책위 수석부의장 겸 정책조정실장, 제11대 국회의원, 문공부 차관, KBS 사장, 한국프레스센터 이사장, 수원대 신문방송학과 교수, 동 법정대학장, 부산 동명대학교 총장 역임. 저서에 《하이에나 저널리즘(1996, 동방미디어 刊)》《21세기를 바로 보지 못하면 우리의 미래는 없다(2004, 샘터 刊)》 등이 있다.

나라 생각하는 글

천박한 국민 천박한 정치 천박한 언론

박현태 지음

1판 발행/2008년 6월 9일

발행인 고정일

발행처 동서문화사

창업 1956. 12. 12. 등록 16-345(윤)

서울강남구신사동 540-22 ☎ 546-0331~6 (FAX) 545-0331

www.epascal.co.kr

잘못 만들어진 책은 바꾸어 드립니다.

*

이 책의 한국어 문장권 의장권 편집권은 저작권 법에 의해 보호받으므로
무단전재 무단복제 무단표절 할 수 없습니다.

*

사업자등록번호 211-87-75330

ISBN 978-89-497-0481-4 03340